知られざる
国立京都国際会館の魅力

―広がるアートな世界―

Kyoto International Conference Center

ご挨拶

「ただの会議場にあらず」
館内外がアートな空間で充たされているのが、他のどの会議場とも違うところで、日本で唯一のアートな国際会議場と呼んでも過言ではない。
しかし、多くの人が知っているのは日本で最初の国際会議場であることぐらいで、脳裏に思い浮かぶ姿もせいぜい、台形・逆台形の建物だけである。宇宙を想起させるメインホールをはじめ、各議場やロビーの天井、壁、床、さらにはそこに置かれたオリジナルの家具や照明など、会館の至る所で、大胆かつ細心にアートな世界が広がっていることはあまり知られていない。
でも、それは無理からぬことかもしれない。会館に入れるのは原則会議参加者に限られているうえに、わずかな建築関係の書籍を除けば、会館のホームページ以外にはほとんど知るすべもないからである。
それが執筆の元々の動機であったが、資料整理などを進めていくにつれて「思わぬ深み」、望外ではあるものの反面では「うれしい深み」にハマってしまった。設計者・大谷幸夫氏をはじめ彼の周りに集った人達の、国際会議場としての「場」や建築に対する哲学なり、熱い思いについてである。とりわけ「山や池の風情を損なっていれば、そうした建物は建てないほうが良い」とまで言い切る、宝ヶ池一帯の自然に対する謙虚な姿勢とそれに対する周到な対応には、心揺さぶられるものがあった。
そのため、表面的な案内本にとどまることなく、会館の魅力の背景にある彼らの思想や意図にまで遡って紹介するように努めた。専門用語を使わず「平易な言葉」で、「短く」かつ「ビジュアル」にというコンセプトの下、どこまで届けられたか自信はないが、「知られざるアートな魅力」を少しでもお伝えできれば幸いである。

2023(令和5)年10月吉日

案内人
塚本《つかもと》　稔《みのる》

Profile
1955(昭和30)年12月生まれ。京都市職員として34年間勤務した後、2017(平成29)年5月、公益財団法人国立京都国際会館の事務局長に就任。現在は理事・事務局長。著書に『二人の京都市長に仕えて』(リーフ・パブリケーションズ)がある。

CONTENTS

目次

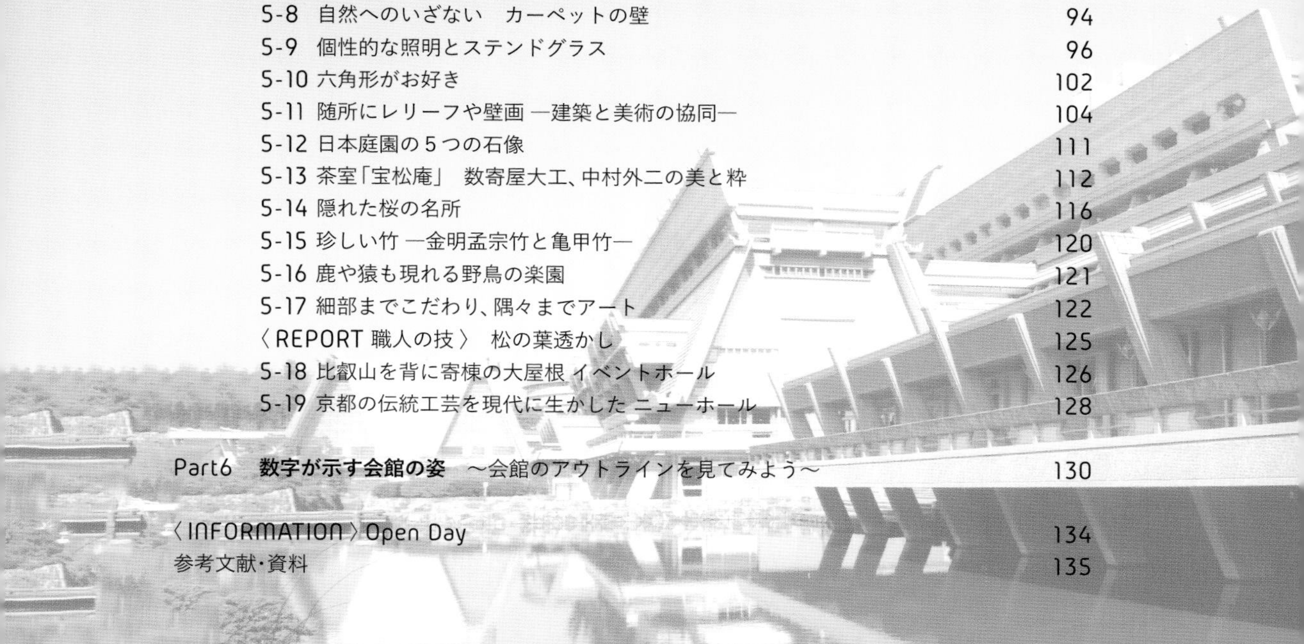

FLOOR MAP

国立京都国際会館　館内図

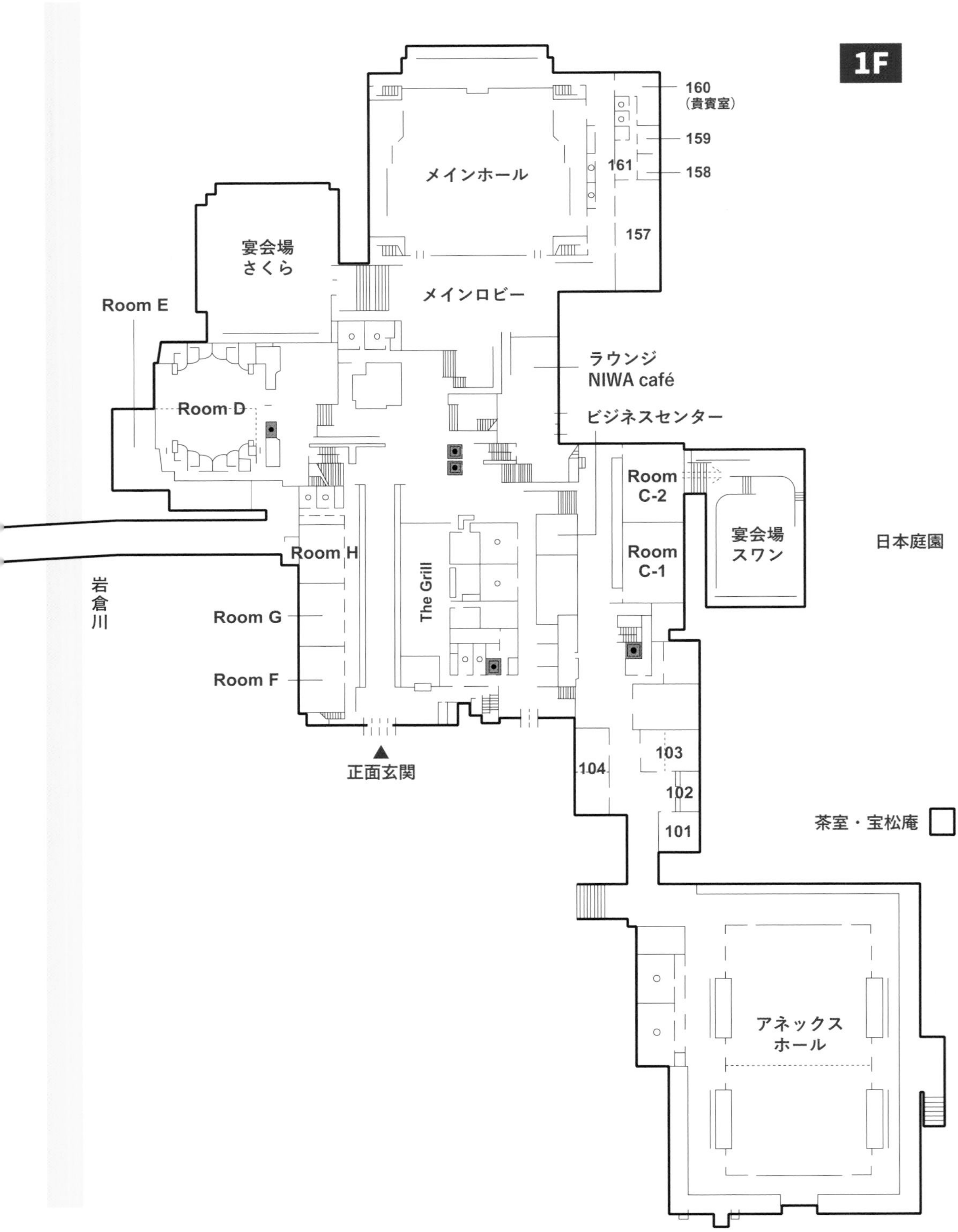

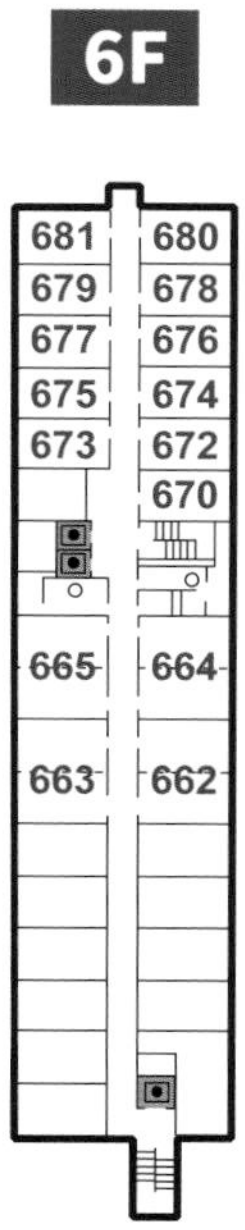

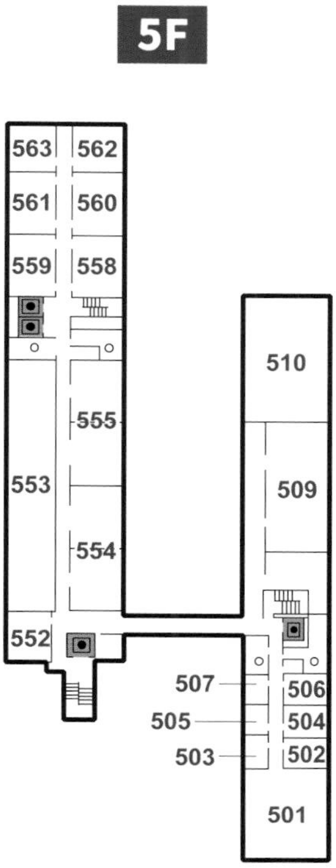

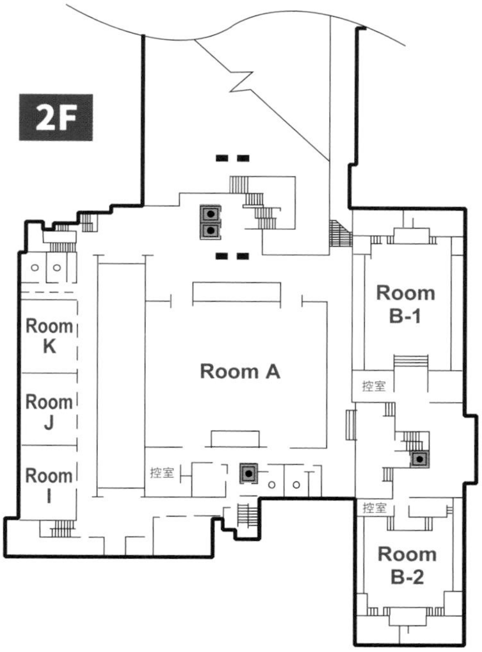

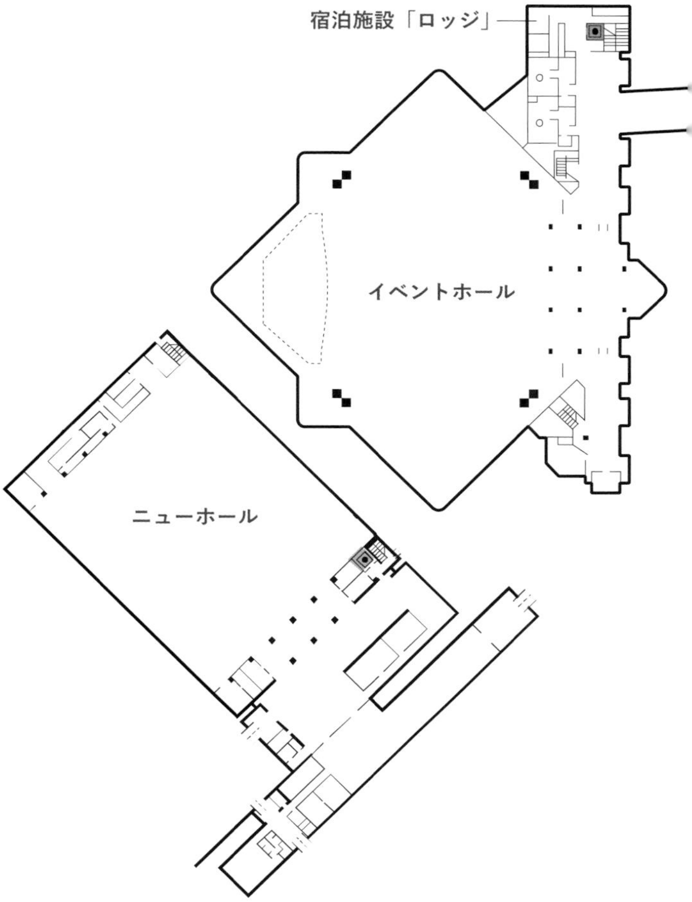

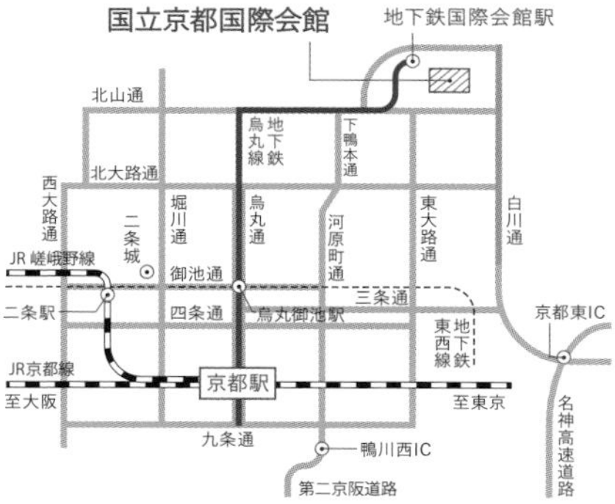

国立京都国際会館

〒606-0001　京都市左京区岩倉大鷺町422番地
tel.075・705・1205、(催事開催)075・705・1229
http://www.icckyoto.or.jp

アクセス
〈電車〉京都駅から京都市営地下鉄烏丸線で約20分、
国際会館駅下車 徒歩約5分
〈車〉名神高速道路京都東または
第二京阪道路 鴨川西I.C.より約40分

国立京都国際会館

Kyoto International Conference Center

Part

1

見逃せない5つの魅力

会館の魅力とは何だろうか？
そしてそれはどこに隠されているのだろうか？
まずは、会館の数多くの魅力の中から代表的な5つをピックアップ。
その魅力が作られた背景や源泉までたどりながら、
皆さんをアートな世界へと案内しよう。

Part
1-1

ダイナミックで優美
山々や木立に抱かれた
モダニズム建築

モダニズム建築の傑作と評される本館とアネックスホールの建物。その特徴は、台形と逆台形の組み合わせである。斜めの柱・壁が水平の梁と交差するとともに、斜めの柱・壁同士も交じわることにより、あちこちに三角形のデザインが現れる独特な建物を誕生させた。それは現代建築と日本の伝統的な建築との融合。竣工後57年を経た今もなお、斬新かつダイナミックであると同時に、威厳と優美さも兼ね備え、時に合掌《がっしょう》造りや神社の社殿を思い起こさせる。そして何よりも我々の心を動かすのは、コンクリートの大きな人工物にもかかわらず、周りの自然と見事に調和していることである。

設計者・大谷幸夫氏が最も大切にしたのは「山や日照や雨といった自然との応答」。

大谷氏が思い描いたように、現在も「会館は比叡山を背景にした宝ヶ池一帯の自然に抱かれ、山や木立との対話を続けて」いる。

合掌造りを想起させる
切妻屋根（2方向に勾配
を付けた三角形の屋根）。

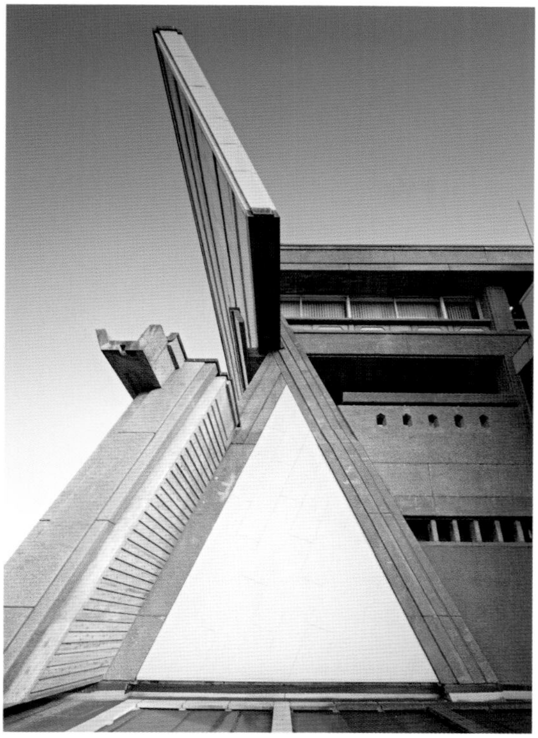

空に突き出た斜めの壁は
神社の千《ち》木《ぎ》のようである。

山々の景観とぶつからないように、屋根を
斜めに傾けたメインホール(大会議場)。

Part 1-2

メインホール(大会議場)

—宇宙に響く国連仕様の大空間—

国連本部(ニューヨーク)と国連欧州本部パレ・デ・ナシオン(ジュネーブ)の会議場をモデルとするメインホールは、日本で唯一の国連仕様の会議場。天井高17.5m、４階まで吹き抜けの左右対称の大空間には1,840の固定席が用意され、最大2,000人までが収容できる。

メインホールに足を踏み入れてまず目に入るのが、奥行きのある骨太の台形構造。正面には客席と隔てのない開放感のあるステージ。そして見上げれば、「宇宙との遭遇」を想起させる大きな円盤とレリーフが天井に掲げられている。

白を基調としたこれらの設《しつら》えはダイナミックかつ荘厳な印象を与えると同時に、会議に関係する様々な人々が集う「広場」のように、優しい一体感を生み出している。

宇宙との遭遇　―天空に浮かぶ地球―

天井の巨大な装飾は「天空に浮かぶ地球」をイメージした光る円盤。その中央部に取り付けられた黒い帯状のレリーフは星雲のようであり、あたり一面ランダムに配された小さなダウンライトは瞬く星のごとくである。

それらは宇宙との遭遇を思い起こさせるが、この円盤、実は照明のための反射板。場内を直接照らすのではなく、両サイドの壁に取り付けた36個のランプを下からこの円盤に当て、間接的に照明している。また天井に露出した梁を覆うことで、空間に力学的な安定感も与えている。（円盤制作　AAA 大谷文男）

ステージ
Ｖ字のレリーフと旗竿のオブジェ

台形に構成された総絨毯《じゅうたん》張りのステージで、インパクトを与えているのは2つの装飾。
一つはステージ中央壁面のＶ字型のレリーフ。色々な形状の小さなアルミピースが何千個も連なって吊り下げられている。
「国際会議はそれぞれが固有で互いに文化系を異にする国や地域の人々の集まりから始まる」。
それを象徴しようとした装飾で、よく見ると、ピースの向きを微妙に変えて並べているので、一つとして同じには見えない。
第二は、ステージの左右に置かれたアルミのオブジェ。本来は万国旗掲揚のポール（旗竿）なのだが、ステージのデザインとして使うことで、広すぎる議長壇回りの空間を安定させている。

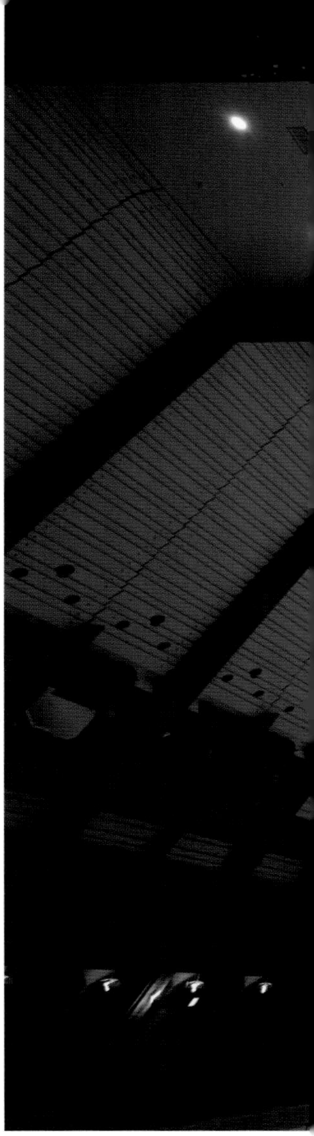

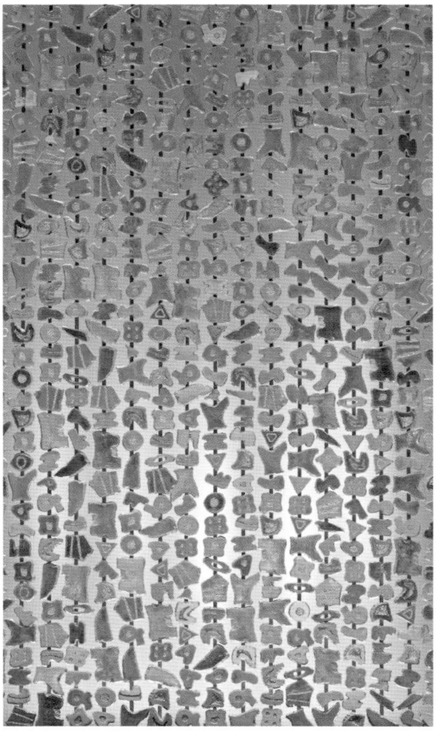

壁面レリーフ制作　AAA 大谷文男、永坂幸三
旗竿オブジェデザイン　大谷幸夫

4席が1組の代表団席

国連仕様の特徴の一つは、各国の代表団席がセット単位で設置されていること。会館の場合は1階中央の800席がそれに当たる。秘書等が代表者の背後でサポートできるように、2席×2列、合計4席が1組となっている。各席にはテーブル(後列はサイドテーブル)と電気コンセントを完備。椅子は薄いグレーのシンプルなデザインで、出入りしやすいように前列の椅子は前後にスライドすることができる。(代表団席デザイン　藤森健次)

一体的なステージと客席

二つ目の特徴は情報を発信する側と受ける側、つまりステージと客席が一体化していること。多くのホールや劇場は、ステージの前に大きな段差、又は緞帳があって、客席とは区別されているのが普通である。しかし、メインホールでは、枯山水の砂紋をイメージした薄いグレーのカーペットが客席から階段、ステージへと途切れることなく敷かれ、そのなだらかな6段ばかりの階段を踏むだけで、客席の代表団が容易にステージ上の議長らと会話ができる。

役割に応じた席やブースの配置

その他にも①代表団席はステージ前②傍聴席は両脇と最後方の3、4階③通訳は両サイドの壁に設けたブース④報道席は2階とステージに向かって左壁のブースなど、役割に応じて席やブースを区分けし、それぞれ椅子の形状も変えている。それは、さながら国連総会の議場のようである。(現在では報道ブースは廃止。区分けも、ブース以外は会議の態様に合わせている)

国内最大の同時通訳ブース

メインホールを印象づけているのは、開放的なステージや迫力いっぱいの天井だけではない。両サイドも極めて独創的である。
よろい状に連なって側壁上部を覆うパネル、柱などに取り付けられた折鶴のような照明、花の器官をモチーフにした京都・西陣の織物壁紙、壁沿いに置かれた鮮やかな茄子色の傍聴席など、どれもがアートな魅力に満ちている。
そして、最も印象深いのが会議の進行を見守る左右各16のブース。うち8つは国際会館ならではの同時通訳ブースで、その個性的な六角形の窓が多くの人々の目を惹きつける。
最近は同時通訳なしの英語だけの会議進行も多くなったが、国連の会議では公用6カ国語（英、フランス、スペイン、ロシア、中国、アラビア語）の同時通訳が必須。加えて日本語などにも対応できるように8つの固定ブースを備えている。

Vioce
ちょっと一言

合計10か所に常設
8つも固定ブースがあるのは、わが国では会館を含め５会議場だけ。また会館ではメインホールの他に、RoomAなど合計10か所に同時通訳室を常設、日本最大の規模を整えている。

Part
1-3

吹き抜けの台形空間に V字の柱

―メインロビーは インフォーマルな交流の広場―

正面玄関から続く細長い通路の先にあるのが、広々としたメインロビー。メインホールをはじめ、各種の会議場へと向かう人と流れ出てきた人が、集い語り合う場であると同時に、日本庭園への入口にあたり、人々が休息を求める場所でもある。

空間構成はメインホールと同じく台形の構造で、両サイドには斜めの壁と柱。その中央には、V字形のコンクリートの柱が巨大な空間を支えるように連なっている。その造形美と上に広がる躍動的な緊迫感に思わず圧倒される。

ゆったりとした
温かみのある空間

「フォーマルなものが会議場で、インフォーマルな会議、会談、交流が行われる広場のような空間がラウンジ(ロビー)」
会議の合間に交わされる非公式なコミュニケーションこそが大切と考えられ、会議場に劣らず重要視されたのがロビーやラウンジ。
階段まで一面に敷かれたモスグリーンのカーペットと、その一角に置かれた六角形の椅子などのモダンな家具類、窓ガラスを通して広がる日本庭園の眺望、そして幾つものレリーフや壁画にアートな照明など、メインロビーはゆったりとした温かみで人々を迎えてくれる。

設計者・大谷氏は、この広場のようなロビーを「自然のスペースがインテリア化したもの、建築化されたもの」と考えてデザインした。そのためカーペットには枯山水の砂紋をモチーフとした波模様を施し、石垣のような腰壁なども取り入れた。

高さの異なるフロアがあちこちに

1階には高さを微妙に変えたフロアが３つ。しかも、1階と2階のロビーはつながっていて、その間に段差の違うフロアが２つも置かれている。そのうえ、2階、3階にはロビーを囲むように通路も巡らされている。そのため、階段も数多く設置されているが、あちこちにできた高低差が様々な人と人の出会いと会話を生んでいる。

多様な照明が織り成す柔らかな光

藤の花のようなシャンデリアや折鶴を思わせる柱のライトなど、芸術作品のような照明が数多く設置されているのがメインロビー。ロビー中央には灯籠、メインホールの前とエレベーターの壁にはステンドグラスまでも置かれている。これらアートな照明に加えて、天井に取り付けられた間接照明やダウンライト、スポットライト、そして両サイドから入る自然光などが入り混じり、メインロビーは柔らかな光に満ちている。

Part
1-4

宝ヶ池、比叡山を借景とした回遊式日本庭園

会館が他の会議場と大きく異なるのは、総面積が約23,000㎡にも及ぶ広大な庭園を備えていること。南西に宝ヶ池、東に比叡山を借景とした回遊式のモダンな日本庭園で、早足で見て回っても半時間、じっくり見れば１時間以上かかる。
人工的に作られた「幸《さち》が池」を中心として、各所に石垣を配し、松をはじめ数多くの木々や草花が植えられている。また庭園の西、寝《ね》子《ね》ヶ《が》山《やま》の麓には茶室「宝松庵《ほうしょうあん》」が建てられている他、展望台や桜林、梅林など多くの見どころがある。

中央に「幸が池」

その日本庭園の主役は幸が池。四角の形をベースにした不整形の池で、浅く掘られた水面に、周りの樹木や造形的な本館とアネックスホールの姿を映し出している。ここに池が造られたのは、この地が元々宝ヶ池の遊水池、湿原であったことにもよるが、設計者・大谷幸夫氏が「宝ヶ池の風景との一体化」を考えていたからである。実際に本館から庭を眺めると、幸が池に連なるように宝ヶ池が位置し、敷地の外にある宝ヶ池もまるで庭園の一部のように感じられる。

絶好の散策路「八《や》つ橋」

幸が池の真ん中に架かっているのが、通称八つ橋。京菓子の八つ橋に似た長方形のコンクリートの板を井桁《いげた》、「井」の字のように四角に編み、北東と北西の二方だけを長く伸ばした橋である。コンクリートの表面は「洗い出し仕上げ」によって現れた無数の小さな石の頭。橋の両側には、背丈30cmほどのかわいい欄干と足元を照らす四角形の照明を備えている。
池の上を渡って3つの方向に行き来できるので多くの人が訪れるが、人気の理由はそれにとどまらない。前後左右にさえぎるものがないので、庭園の景色を解放感いっぱいに満喫できる。また目線を上げれば、本館のモダニズム建築の圧倒的なパワーを間近に感じられることから、絶好の体感スポットとなっている。

この幸が池と八つ橋、いずれも直線を基調としたデザインで、四角形の組み合わせを特徴とする。他方、宝ヶ池と周囲の山々はなだらかな曲線で、本館とアネックスホールの構造は台形と逆台形。その異なった基本デザインの対比とその交錯が、知らず知らずのうちに見る者を魅了する。

四季折々の日本庭園
またとない雪景色

四季それぞれに姿を変える日本庭園。
春、木々が一斉に芽吹き、比叡山を背にして桜が咲き誇る。
みずみずしい新緑が深い緑に変わる夏は、キショウブやハス
が可憐な花を池の面に写し出す。
秋、11月ともなると、茶室・宝松庵の紅葉が一層鮮やかになり、
宝ヶ池を囲む山々とともに赤や黄色の葉が庭を彩る。

そして冬、幸が池と宝ヶ池を残して、庭園とその周りの山々が雪で覆われると、会館の建物もうっすらと雪をかぶり、会館独特の雪景色を作り出す。
京都市内中心部から北へ車で約20分。山を越えたからだろうか？中心部では小雪がちらついているだけなのに、会館まで来ると本降りになっていることもしばしばである。それでも最近は地球温暖化が進んで、雪が積もることは随分と珍しくなった。
その貴重な雪化粧の光景がこの写真。雪が上がった朝、またとない冬景色が眼前に広がっていた。

杉木立の合間に比叡山 一幅の絵画のような 庭園展望台からの眺め

日本庭園の南の隅、4段ばかり石段を上がった先に展望台がある。奥まった所にあるのでここまで足を延ばす人は少ないが、石垣を巡らせた上に20本程の杉木立。日陰のしっとりとした中で眺めることができるのは、見慣れた本館からの景色とは反対の位置からの風景。本館とアネックスホールの建物を背景に、日本庭園全体が生垣越しに広がって見える。

他方、右(東の方角)に目を転ずると、杉木立の合間にゆったりとした比叡山の姿を望むことができる。杉木立と比叡山、珍しい取り合わせだが、それは借景庭園として有名な圓通《えんつう》寺《じ》を思い起させる。

圓通寺はかつて後水尾天皇の幡枝《はたえだ》離宮であった臨済宗の寺で、会館と同じ岩倉の地にある。比叡山を借景に、客殿から枯山水の庭を眺めれば、木立、生垣、客殿の柱によって切り取られたような空間に比叡の山が望める。その見事な庭には及ぶべくもないが、より間近に植わった杉木立の直線美と比叡山によって創り出された景色は、一幅の絵画のようである。

広々とした
ガーデンパーティー

気の向くまま散策するのもよし、ただ眺めるのもよし。日本庭園は会議に疲れた心と体を休めるには最上の空間であるが、もう一つ、パーティーの会場としてもピッタリで、これまでにも多くのガーデンパーティーが開かれている。

3,000人が集える広々とした庭園には、床几やテーブルを並べられる平らな敷地が幾つも散在するほか、庭園の中央には池に浮かぶように舞台が置かれ、演奏や踊りなどのパフォーマンスが披露できる。

とりわけ周りの山々が暗闇と静寂に包まれる中、庭園だけがライトアップされた夜のパーティーは、人々をロマンチックな世界へと導いてくれる。

PICK UP!

間近で見る打ち上げ花火

会館の隠れた名物は花火の打ち上げ。隣接する宝ヶ池から打ち上げられた花火は、日本庭園の夜空に大輪の花を描く。京都市内ではほとんど見られなくなった光景だが、周りに人家のない会館ならではのショータイムである。
パーティーの余興として行われるほか、真夏の2日間、一般市民向けのイベント「乾杯の夕べ」でも実施。約300発と規模は小さいが、何よりも目の前で打ち上げられる花火を、ゆっくり食事をしながら楽しめるとあって、毎年大勢の人が詰めかける。

＊コロナ感染防止のため2020~2022年は休止

Part
1-5

一つひとつがオリジナル シンプルでモダンな 家具の数々

会館を訪れた人を豊かな気分にさせてくれるのが、会館オリジナルの机や椅子などの家具類。ほとんどが既製品ではなく、空間のスケールや形状、雰囲気などに合わせて一つひとつデザイン化された。
その主な役割を担ったのが、ジャパニーズモダンの礎を作ったと言われるインテリアデザイナー剣持《けんもち》 勇《いさむ》。机、椅子にとどまらずフロアライトや灰皿、くず入れまで、アートな家具が数多く作られた。時の経過とともに取り替えられたものもあるが、メインロビーの通称「六角椅子」やカフェラウンジの丸テーブルと椅子など多くの家具は、開館から57年経た現在も、修理をしながら大切に使われている。

剣持の代表作の一つである「六角椅子」。外側を分厚いケヤキの木枠で囲んでいるので、安心して体を預けられる。内側の座る部分は馬蹄形で、柔らかい布地が張られてゆったりと人を包み込んでくれる。赤と紫の色も鮮やかで、椅子の組み合わせによって、背中合わせの大輪の花のようにも、横に並べて鎖のようにもなる。

木目のはっきりとしたケヤキの丸テーブル。昔懐かしい“ちゃぶ台”のようで、六角椅子とともに、メインロビーにはなくてはならない存在である。

天井の低いロビー用にデザインされたビニールレザー張りの椅子とテーブル。３人掛けの長椅子や肘のない平らなベンチもある。ちょっとした休息にはピッタリの安定感のある設計。
色合いや組み合わせを変えて、ロビーやラウンジの各所に置かれている。

シンプルな作りと鮮やかな色合いが印象的な肘なしの青い布張り椅子。メインロビー上の3階ラウンジやRoom665などに置かれている。

オープン当初に作られた布張りの議席椅子。会議場ごとに布の色が違う。これはRoomB-1、通称「青の間」で使用された椅子で、色はブルー。
現在では全て新しい形の椅子に取り替えたが、良好な状態の16脚ほどの椅子は、今もまだ4階のラウンジで使用している。

庭園に置かれている陶製のスツール。剣持は後にヤクルト®の容器をデザインするが、その容器を目の当たりにするようである。

微妙な曲線がほほえましい、ビニールレザー張りの小さな椅子。

正面玄関受付のカウンターは幅3.6m、がっしりとしたケヤキ製。半世紀を超えて日々お客様を迎え入れている。

剣持デザインで一風変わっているのは、進入禁止の竹の柵。軽量で持ち運べて、重ねられる、その上進入不可の意図が明確に伝わるようにと、京町家で見かける犬《いぬ》矢《や》来《らい》をヒントにデザインしたという。

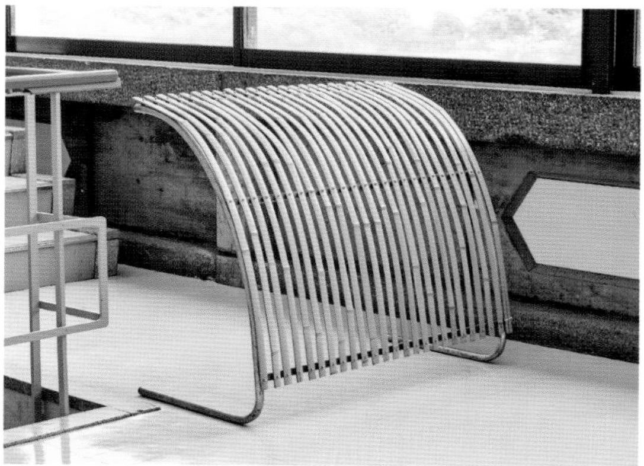

鉄の鋳物製の灰皿。直径40cmの鼎《かなえ》型、うるし塗装がされている。禁煙化が進み、現在は倉庫で保管している。

家具類のほとんどは剣持のデザインだが、傍聴席とメインホールの椅子(14ページ参照)は藤森健次がデザインした。傍聴席は背中部分を高く上げたシャープな形状。メインホールでは、報道関係者を想定した前部座席は薄茶色、一般客用の後部座席(左写真)は濃いグレーと、位置により色を変えている。

剣持
WORLD

Room561、563

— 剣持 勇のデザインが一堂に —

オープン当時そのままに、多くの剣持デザインと出会えるのは5階のRoom561と563。元議長室、元議長応接室にふさわしい特別仕様の部屋で、今も要人の控室や応接室として利用されている。
安楽椅子やキャビネットなど、そこに置かれた家具類は、半世紀以上経ってもモダンで洒脱《しゃだつ》。訪れた者をアートな世界へと導いてくれる。

Room561

Room563

剣持
WORLD

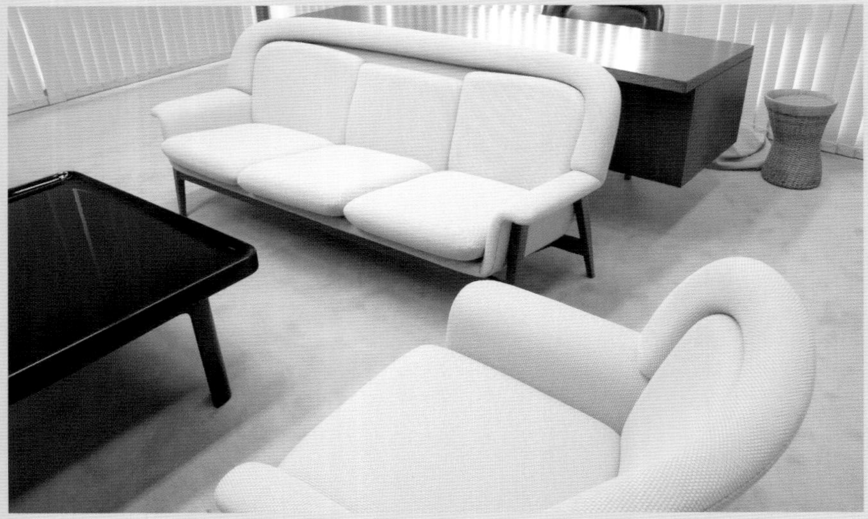

安楽椅子と長椅子

ゆったりとした気品のあるローズウッドの安楽椅子と長椅子。この薄いアイボリーの椅子はRoom563。赤はRoom561、紫はRoom562（元事務長室）など、同じデザインの椅子が色を変えて配置されている。

デスク、チェアー、電話台

重厚で端正なデスクとチェアー。デスクは長さが２ｍもあって使いやすい。Room561の他、563や562などにも設置されている。電話台も剣持のデザイン。

テーブル

Room561に置かれた、赤の椅子と対照的なうるし仕上げの黒の丸テーブル。Room563では正方形のテーブルと脇机に代わる。

キャビネット

簡素な中にも洗練された引戸のキャビネット。Room561、563など5階の主だった部屋や1階のVIP用の部屋で使われている。

フロアライト、くず入れ

Room563のフロアライト。人の背丈ほどのポールの先に円筒形のシェードを掛けたライトは、おしゃれなインテリアにもなっている。床には、現在では珍しい籐製のくず入れ。剣持がデザインすると、くず入れもアートになる。

剣持勇デザインの家具については以下も参照

NIWA café ▶ P.54
正面玄関からの通路 ▶ P.66
Room562 ▶ P.70
貴賓室 ▶ P.90

国立京都国際会館

Kyoto International Conference Center

Part 2

ここが知りたい！ 建築をめぐる2つの疑問

Part 2-1

どの部屋が台形で、どこの場所が逆台形なの？何か決まりがあるの？

（台形と逆台形、その用途と組み合わせの法則）

「一体どの部分が台形で、どの部屋が逆台形なのだろう？」「台形や逆台形を建てる場所に、一定の法則や決まりごとがあるのだろうか？」

本館やアネックスホールの建物を見た人々の頭には、きっとこのような疑問が浮かぶのだろう。確かに、メインホール（大会議場）が台形であることはすぐにピンと来ても、建築の全体像を理解することはなかなか難しい。

その疑問を解く鍵は、奥行きのある本館の断面（前ページの写真参照）。この断面を眺めると、本館の構造には二つの法則があることが見てとれる。

法則1

一つは、台形の空間の上に逆台形の空間を積み重ねるのが本館の基本構造だということ。

まず台形状の各会議場が1階から4階に置かれ、次いでその上、5階より上に逆台形状の執務室を積んだのである。

具体的には、大会議場であるメインホールはそのままで何も積まなかったが、中会議場（RoomA）のある中央の棟と小会議場（RoomB-1、B-2、C-1、C-2）のある南の棟では、その上部の逆台形の空間に、各国代表団の控室や事務室などを設置したのだった。

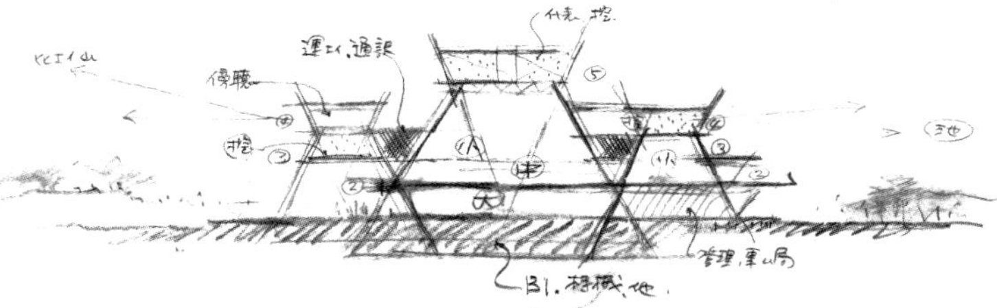

法則2

二つ目は、台形の会議場の両サイド、傾斜した屋根の横に、くっつくような形で逆台形の建築物が付属していること。これらは、会議場の通訳ブース、報道ブース（現在は廃止）、調整ブース、その通路などの付随部分だが、会議場の台形空間には納めず、台形に接して外側に作られた逆台形の空間に置かれている。

台形の上に逆台形〈法則1〉

台形（屋根）の横に逆台形の出っ張り〈法則2〉

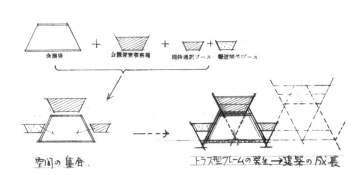

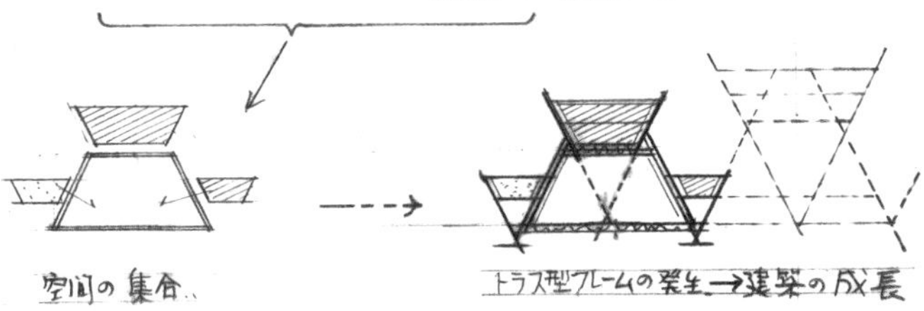

では次に中に入ってみよう。これらの台形・逆台形の構造は、実際に足を踏み入れて見ると理解が進む。

最初は、大中小の会議場。メインホールをはじめとする本館の会議場（RoomA、BⅠ-1、BⅠ-2、CⅠ-1、CⅠ-2）とアネックスホールでは、正面の壁が台形に区切られ、側壁や柱も斜めに傾いているので、一見して台形空間だと分かる。

メインホール

少し変形であるのは、元々共同記者会見室として増築されたRoomDと報道用の事務室であったRoomE。RoomDは壁が弧を描いているので円形のようにも見えるが、ベースの構造は台形で、斜めの線と曲線が巧みに組み合わされている。RoomEの壁は一般的な箱型であるが、部屋の中には台形状の斜めの柱が並んでいる。

RoomD

他方、メインホールなどの会議場を出て、通訳・報道・調整ブースへの通路に行くと、窓や壁が下から上へ広がって逆台形状に傾斜している。関係者だけが立ち入る場所なので一般の人はほとんど見る機会はないが、会議場の壁に沿って、逆台形の空間が奥まで続く景色には、いつも驚かされる。

メインホール裏側通路

一般の人々が逆台形の構造を実際に五感で感じてもらえるのは、2つの棟の最上階にある各部屋。「日照、通風および眺望の条件の最もすぐれた位置」に議長室や各国代表団の事務室などを置くという建設計画によって、中央の棟の5階・6階と南の棟の5階が会議場の上に積まれたのである。そのうち、中央棟の6階と南棟の5階、ともに最上階のフロアが逆台形となっている。

空に向かってV字に突き出た柱や壁、そして逆斜めに傾いた窓。そこには、これまで出会ったことのない会館独特の空間が広がっている。とりわけRoom501と510は、三面がガラス張り。そのうち両サイドの2面がともに逆斜め。眼を下に向ければ、宝ヶ池をはじめとした眺望が迫力を伴って迫ってくる。

逆斜めの窓からの庭園風景

最上階6階の逆台形空間

逆台形のRoom510

では、4階までの会議場と6階の事務室に挟まれた中央の棟の5階はどうなっているのだろう？

台形から逆台形に移行する変わり目に位置するため、5階の各部屋は台形でも逆台形でもない通常の箱型の空間である。けれどもベランダに目を向ければ、台形と逆台形、両者の特質を示す柱の列が現れる。一方では階下の会議場から続く台形状の柱が並んでいるが、その両端には、逆台形の柱も据えられて6階部分を支えているのが分かる。

中央棟5階（右の棟、逆V字の柱のある階）

台形～箱型～逆台形と変化する中央棟

最後に、ロビーやラウンジは台形、それとも逆台形だろうか？一部の例外*はあるが、各会議場の前に置かれたロビーやラウンジは台形構造となっている。RoomDやRoomC－1、C－2の前のロビーが典型的で分かりやすいが、四方に広がったメインロビーや4階のラウンジも、全体を見渡すと大きな台形空間に包まれている。

それは、ロビーやラウンジを「インフォーマルな会議、会談、交流の場」と捉えて、「フォーマルな場」である会議場と同様に重視したためであろう。

*RoomB－1、B－2の庭園に面したラウンジは、会議場の屋根に付属した逆台形空間に設置されている

RoomD前ロビー

人々が集まる空間＝台形
人々が執務する空間＝逆台形

以上を要約すれば、「人々が集まる空間」、会議場やロビー・ラウンジなどが台形で、「人々が執務する空間」、事務室や通訳ブースなどが逆台形と言える。

ただ、建設当初から50年以上が経過し、使われ方は多様化。翻訳室とタイプ室であったRoom501と510が少人数の会議やパーティーに使用されることも、逆に会議場であるRoomC－1、C－2が主催者の事務室に使われることもある。

そのため、これら台形、逆台形の用途区分は建設当時の考え方に基づいている、と言った方が適切かもしれない。

Vioce

ちょっと一言

2種類ある台形・逆台形の部屋

台形、逆台形の部屋には2つの形状がある。部屋の壁や窓そのものが傾斜している場合と、部屋は四角形だがベランダの柱が斜めに傾いている場合である。

たとえば同じように庭園に面していても、南の棟の5階の各部屋は窓や壁自体が逆台形に傾斜しているが、1階のRoom101や103などでは、部屋の窓や壁は箱型である。ただ逆台形状の柱がベランダに据えられており、建物の構造上も庭園からの景観上も逆台形となっている。

Room103のベランダ

Part 2-2

なぜ四角ではなく台形と逆台形の建物を建てたの?

(台形・逆台形の建物誕生の理由)

Q 本館を特徴づけているのは、何と言っても台形と逆台形の建築。ではなぜ通常の四角形ではなく、わざわざ台形と逆台形の建物を作ろうとしたのだろうか?

岐阜県白川郷の合掌造《がっしょうづく》りや神社の社殿を模したと言う人もいるが、公開コンペで選ばれた大谷幸夫氏は果たしてどのような理由で設計したのだろうか?

(ここでは、誰もが抱くこうした素朴な疑問を設計者・大谷氏の建築への思いや考えを第一として解き明かそうとした。そのため、大谷氏が生前に残した言葉を原文のまま引用した場合は「」を付けている。)

A　大谷氏の言葉を借りて要約すれば、「比叡山を背景にした」「貴重で優雅な地域の自然を大切にしようと考えたことに始まり」、「建築を構成する諸要素を、宝ケ池一帯の自然・気候・景観の中で捉え直し」たこと、それが台形・逆台形誕生の原点であった。

そしてそれをベースに「台形として空間をセットバックすることで周辺の山とぶつかり合う景観を和らげ」「雨や風、日差しをコントロールするための庇《ひさし》*を作」ろうとして逆台形を導いたのだった。

合掌造りのイメージについては、「設計をはじめたときには結びつけてはいなかった」が、「この台形が確認されたとき、それが日本建築の最も古い形式と類似していることを意識して」いたのであった。

*庇…窓や出入口の上に取り付けられる小型の屋根

具体的に詳しく述べてみよう。

まず台形について。

計画では、宝ヶ池の長い方の軸に直角に建物を配列し、比叡の山並みを背景にして、池や周辺の山々と調和するようにと考えたのだが、「会議場が四角の大きな箱のままでは」「大会議場のスケールが大きく」「近接する小山が圧迫されて見える」。

そこで「山肌に迫っていた議場の壁面を内側に傾けることで建物を山肌から離し」「必要な平面積を確保しながら建物のボリュームを削」ろうとして、台形の空間を導くのである。

つまり「視界の中に山と建築を入れながら、山があればぶつからないように裾野に逃げる。それで出来たのが台形」であった。

ただ自然との関係が優れているだけで四角を台形にすることはできない。通訳ブースからの視線や音響、議場としてのボリューム、さらには心理的な一体感など、機能上も構造上も妥当であることを確認した上でのことであった。

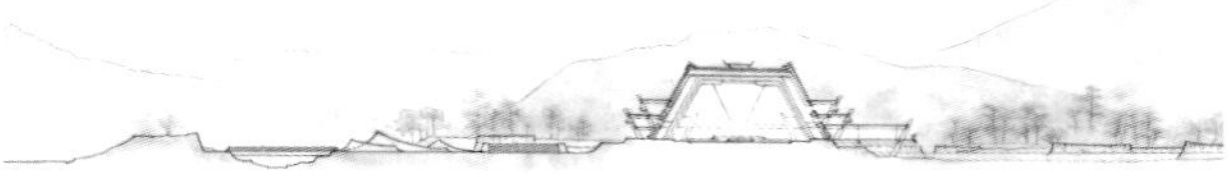

では逆台形はどこから生まれたのだろうか?

会議場が台形なのに、会議場をサポートする空間、事務室や控室などの執務空間が四角では「全体がバラバラに見える」。とすれば、これらの執務空間はどのような建築になるのだろうか?

■ 日照や雨を制御する庇

「わが国古来の建築手法」では、「深い庇をさしかけ日照や雨を制御」してきたのだから、執務空間、とりわけ上層階の部屋には「その建築手法を踏襲し、雨や風、日差しをコントロールするための庇」を作ろうとして「逆台形の空間を導いた」のであった。

■ 別の狙い

確かに屋根の庇を伸ばせば、外縁の線は自然と逆台形を描くのだが、建設当時の大谷氏へのインタビュー記事などを読むと、もう一つ別の狙いがあったことが伺える。

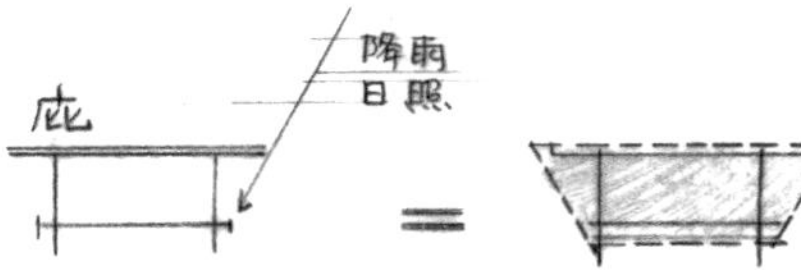

大谷氏は、各国代表団の控室や事務室スペースなどを「会議場の上に乗せられれば、たいへんコンパクトにうまくまとまる」と考えていたが、台形は傾斜があるので、上に行くほど狭くなって床の面積の確保が難しくなる。それでも大谷氏は、「三角形の中に無理におし込もうとした」のだが、「ある機会に、狭いから広げればいいんだということで、逆の台形ができた」と逆台形を思いつくのであった。

しかし大谷氏の思考はそれで止まらなかった。「この逆の台形というのは、どういう意味なんだ?」大谷氏が求めたのは、いわば逆台形の「理由づけ」だったが、そこで思い至ったのが先程の「わが国古来の建築手法」であった。「日本の建物の庇を含む外形が逆台形」なので、「オフィスとしてのスペースを逆台形で考える」ことは意味があるのだと。

■高密度で変化に富む組織化

ここに逆台形導入の意味が明確になるのだが、大谷氏が1963年のメモで記しているように「台形、逆台形の組み合わせによって、建物は大変高密度で変化に富んだ組織化が可能になった」のである。

それでは合掌造りや神社の社殿は大谷氏の設計にどんな影響を与えたのか?

会館での大谷氏の講演のとおり、「国際会館が合掌造りでできていると言われるが、そんなことを考えていた訳ではない」のであり、また先程のインタビューで述べているように「設計をはじめたときには、かや葺《ぶき》の屋根のイメージを結びつけてはいなかった」。

しかし「コンペの始まる前、なにかで敷地の写真を見て、かや葺の屋根の景色をイメージしたということはあります」と答えていることからも、「この台形が日本建築の最も古い形式と類似していることを意識して」いたことは確かであった。

～「池周辺の山々との応答」「日照や雨・風との応答」～

大谷氏が会館独特の台形・逆台形の建築について語る時、繰り返し使う言葉が「応答」である。自然や気候への尊重なり対話という意味ではないだろうか?わが国の建築がはるか昔から、地域の自然や気候と共に育まれてきたことに思い致せば、会館に導入された台形・逆台形の建物が日本の伝統建築と似通うのは必然であるかもしれない。

■国際会議場に求められた2つの課題

設計に際し、大谷氏には2つのテーマがあった。一つは国際会議場として求められる機能や構造を満たすこと。これは当然であるが、二つ目は日本、とりわけ京都洛北の宝ヶ池に建設されることの固有の意義、言い換えれば、「国際会議場に求められているアイデンティティ」という課題であった。

大谷氏はその難しい課題について「わが国の文化的伝統を踏まえ、併せて現代の建築としての国際性・共通性を身につけていること」と述べているが、「自然との応答」から導かれた台形・逆台形の構造は、まさしく大谷氏なりの具体的な回答であったのであろう。

PICK UP!

大谷氏のスケッチ

大谷氏のスケッチは要領を得て分かりやすいのだが、これにはエピソードがある。

台形、逆台形の建物について、大谷氏は現地の宝ヶ池に行って確かめようとするのだが、大変慌てていて写真のフィルムを持って来るのを忘れてしまった。それで仕方なく写真を諦めてスケッチをしたのだが、かえってこれが良い結果を生む。まだ会議場が建っていないので、写真では建築物と周囲の自然との位置関係を捉えられないが、スケッチであれば想像で描くことができたのである。

それで以降、現地に行かなくてもよかったそうだが、周りの木々や地面までも会議場と一緒にしっかり描かれている。自然を大切にした大谷氏らしい逸話である。

※スケッチ・イラスト(P.47～P.53)は大谷氏画
(大谷研究室提供)

〈引用文献〉
・大谷幸夫氏講演録　1996・11(公財)国立京都国際会館
・国立京都国際会館の建築　1999・4(公財)国立京都国際会館
・建築と社会　第47集　1966・6(社)日本建築協会
・国立京都国際会館メモリー京都　1992・12　田熊信弘(国立京都国際会館の集い事務局)
・都市的なるものへー大谷幸夫作品集　2006・6　大谷幸夫(建築資料研究社)
・建築家の原点　大谷幸夫　建築は誰のために　2009・5　大谷幸夫＋大谷幸夫研究会(建築ジャーナル)

国立京都国際会館
Kyoto International Conference Center

Part 3
ランチ＆カフェ

Part 3-1 庭を眺めながら至福のコーヒー「NIWA café」

メインホールの一角、以前はカクテルラウンジと呼ばれた所に、文字通り「庭」に面して「NIWA café」がある。ここの特徴の一つは、巨大な吹き抜け空間。見上げれば、天井からは独創的なシャンデリアが吊り下がり、斜めに傾いたガラス窓からは柔らかな自然光が降り注ぐ。

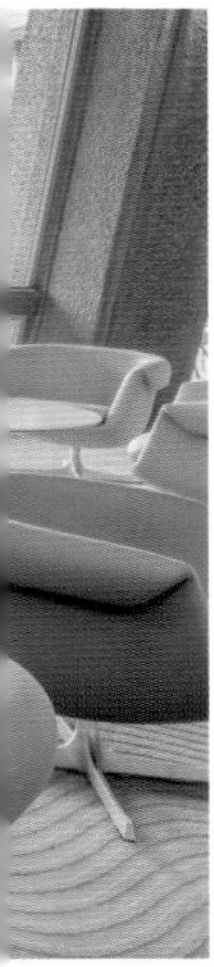

もう一つは、半世紀を経ても、なお斬新なテーブルと椅子である。ともに丸みを生かした1本脚のシンプルな作り。椅子の肘かけから背もたれにかけて、洋服の襟を思わせるようなデザインが施され、会議で疲れた体をゆったりと包んでくれる。階上からラウンジを見下ろすと、全面に敷かれた波模様の薄緑のカーペットと相まって、池一面にハスの花が咲いたようである。

〈テーブル・椅子デザイン　剣持《けんもち》 勇《いさむ》〉

そして何と言ってもこのカフェの目玉は、眼の前に広がる日本庭園と宝ヶ池。ガラス越しに外を眺めれば、目の位置と同じ高さに庭園の「幸が池」と宝ヶ池の水面が連なって見える。

天気が良ければ戸外に設けたテラス席が特上席。手前の階段を下れば幸が池、という絶好のロケーションで、サンドイッチなどの軽食や各種のドリンク、スイーツが楽しめる。鳥の声や池を渡る風の音を聞きながら、ゆっくりと前田珈琲特製のオリジナルコーヒーを口に運べば、その味もまた格別である。

NIWA café
営業日　不定休(一般利用はOpenDayのみ)
営業時間　10:00~17:00
※営業日・時間はHPにて要確認

Part
3-2

昭和レトロな雰囲気漂う「グリル」で定番カレー

本館1階中央に位置するグリル「The Grill」は、茶色を基調とした落ち着いたレストラン。蛇腹状に折られた天井と板張りの壁、それらに取り付けられたオレンジ色の白熱灯、そして緩いカーブを描くバーカウンターが昭和レトロの風情を漂わせている。
メニューの中心はシーフードやステーキなどの洋食コース料理。とりわけ、赤ワインソースで仕上げたボリュームたっぷりのハンバーグが人気である。
定番はビーフカレー。こだわりのルゥと柔らかで大ぶりの牛肉が、創業以来、大勢のファンを惹きつけている。

The Grill

営業日　年末年始など休館日を除いて無休

営業時間 10:00~17:00(食事は11:00~15:00)

※営業日・時間は変更する場合がある

ゆったりとした空間と時間の中で食事を取れるのが、高齢者や家族連れに好評。グループやプライベートな集まりにも便利なように、個室も2か所備えている。

国立京都国際会館
Kyoto International Conference Center

Part 4

日本庭園
おススメのフォトスポット

「どこからの景色が一番いいでしょうか？」
「お勧めのフォトスポットは？」
庭園を散歩する人から幾度となく尋ねられるのが、この質問。
王道はやはり本館からの眺め。
とりわけ5階や6階からの見渡す限りの眺望と、「幸が池」と宝ヶ池が一体となって見えるNIWA caféテラス席からの景色は、誰もがレンズを向けたくなる。
でもフォトスポットはこれだけではない。
庭を巡れば、四季折々、様々な景色や庭の表情がうかがえて、庭園を散策する者を飽きさせない。
ここでは、その中からとっておきのフォトスポットを幾つか紹介しよう。

Photo Spot

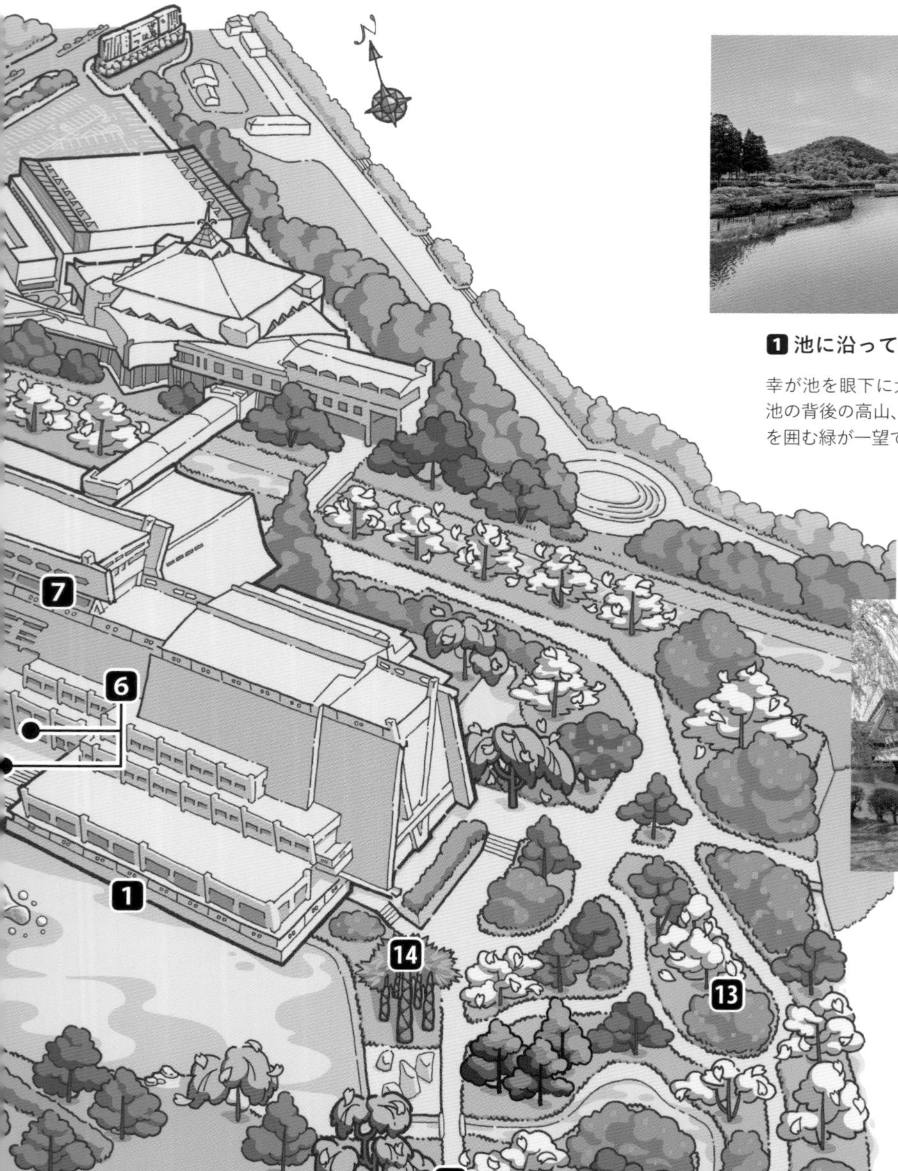

1 池に沿って続くバルコニー（Room157~貴賓室）

幸が池を眼下に大きく広がる風景。左から展望台、宝ヶ池の背後の高山、茶室・宝《ほう》松《しょう》庵《あん》を囲む林、寝《ね》子《ね》ケ《が》山《やま》と、池を囲む緑が一望できる。

2 桜林の入口

本館の床下、奥深くまで切り込んだ幸が池。その池に突き刺さるように建つ斜めの柱。散策路のすぐそば、枝垂れ桜の向こうに幸が池を望めば、まるで本館が池から浮き上がっているかのようである。
逆台形が作る造形美とそれを映し出す幸が池。これら会館ならではの景観は、SNS映えすること間違いない。

3 展望台の前の石橋

ここのおすすめは、本館とアネックスホールの全景を目に収められること。やや斜めの絶好の角度で、隣接するホテルの丸い建物が、ちょっぴり顔を出しているのもご愛嬌。また幸が池に視線を落とすと、本館が水面に映り込んでいる姿も見られる。そして本館から右の方向、庭園の奥に目を移せば、梅林と桜林の先に比叡山の雄大な姿も眺められるので、一度においしい景色を幾つも楽しめる。

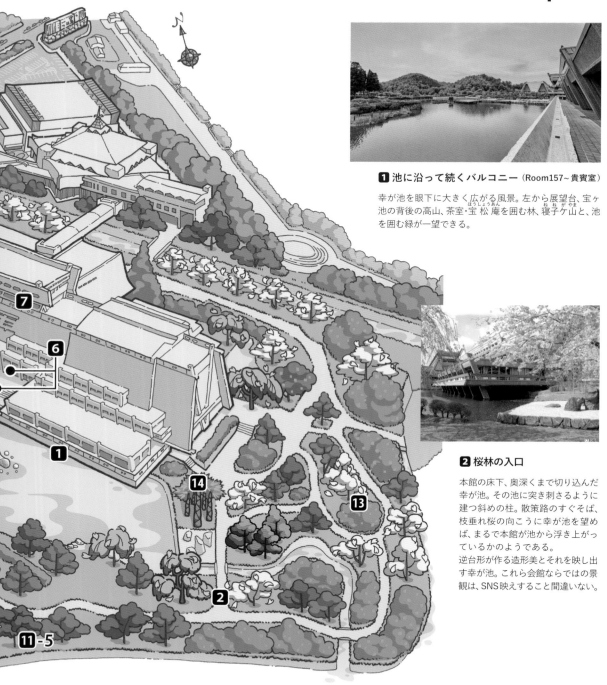

５つのフォトスポットの他にも、日本庭園には見どころがたくさん。本誌掲載の９か所は次のとおり。あわせて訪ねてみては？

- **6** NIWA café とテラス席からの景色　P.54
- **7** Room562、Room560とデッキからの眺望　P.70
- **8** 5階絶景トイレからの眺望　P.74
- **9** 八つ橋から見える360度の風景と眼前に迫るモダニズム建築　P.26
- **10** 展望台からの眺めと杉木立を通して見える比叡山　P.32
- **11** 日本庭園の５つの石像　11-1　11-2　11-3　11-4　11-5　P.111
- **12** 数寄屋造りの茶室・宝松庵　P.112
- **13** 春の満開と秋の紅葉が楽しめる桜林　P.119
- **14** 亀甲竹《きっこうちく》と背後に広がる幸が池　P.120

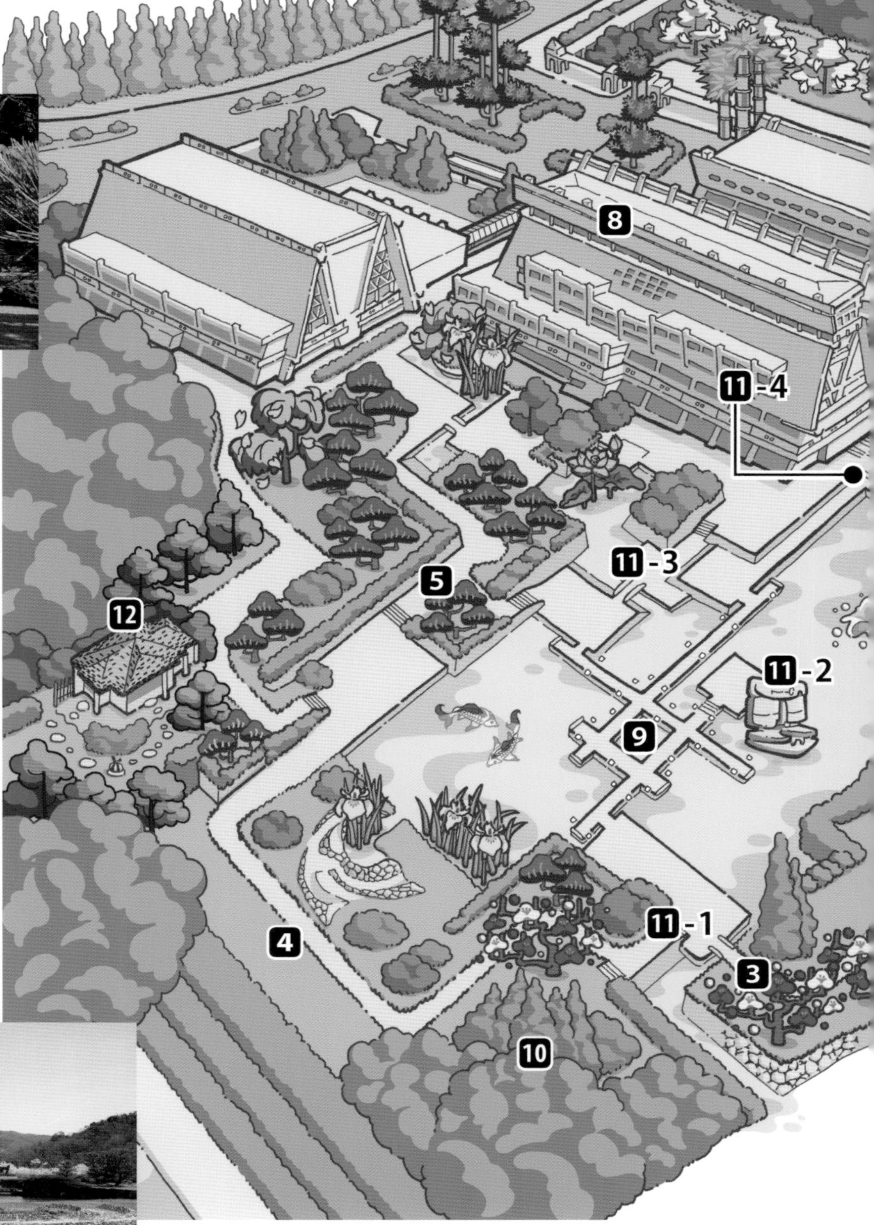

5 茶室・宝松庵の手前の一段高い松林ゾーン

松の枝葉を透かして、本館の建物や周りの山々が望める。意外にもモダニズム建築と日本の伝統的な松がベストマッチ。比叡山も画面に取り込めば、アクセントが効いた写真となる。

4 幸が池の南西（宝ヶ池側）、池畔そばの散策路

宝ヶ池を背に幸が池を眺めると、本館と比叡山を正面にして手前に池畔が広がる。池は直線に区切って作られているが、池畔は会館のシンボルマーク・馬蹄形《ばていけい》を型取っていて、丸い石垣を芝生や低木の緑が優しく包む。サギのお気に入りの場所で、羽を休めている姿に出会えるかもしれない。

会館の周りを歩いていると、思わぬところで意外な景色に出会う。ここは正面玄関奥、アネックスホールへの通路。
V字の柱と菱形の灯りが生み出す造形美に思わず足が止まる。

国立京都国際会館

Kyoto International Conference Center

Part
5

詳しく見てみよう

会館の魅力は、冒頭に掲げた５つの項目にとどまらない。それぞれが異なった表情を持つ大中小の会議場や他では見られない雄大な眺望、そして若き芸術家らの「自由な発想」によるレリーフ、壁画、照明などの数々…。
Part5では、これらまだまだ知られていないアートな魅力を皆さんに紹介しよう。

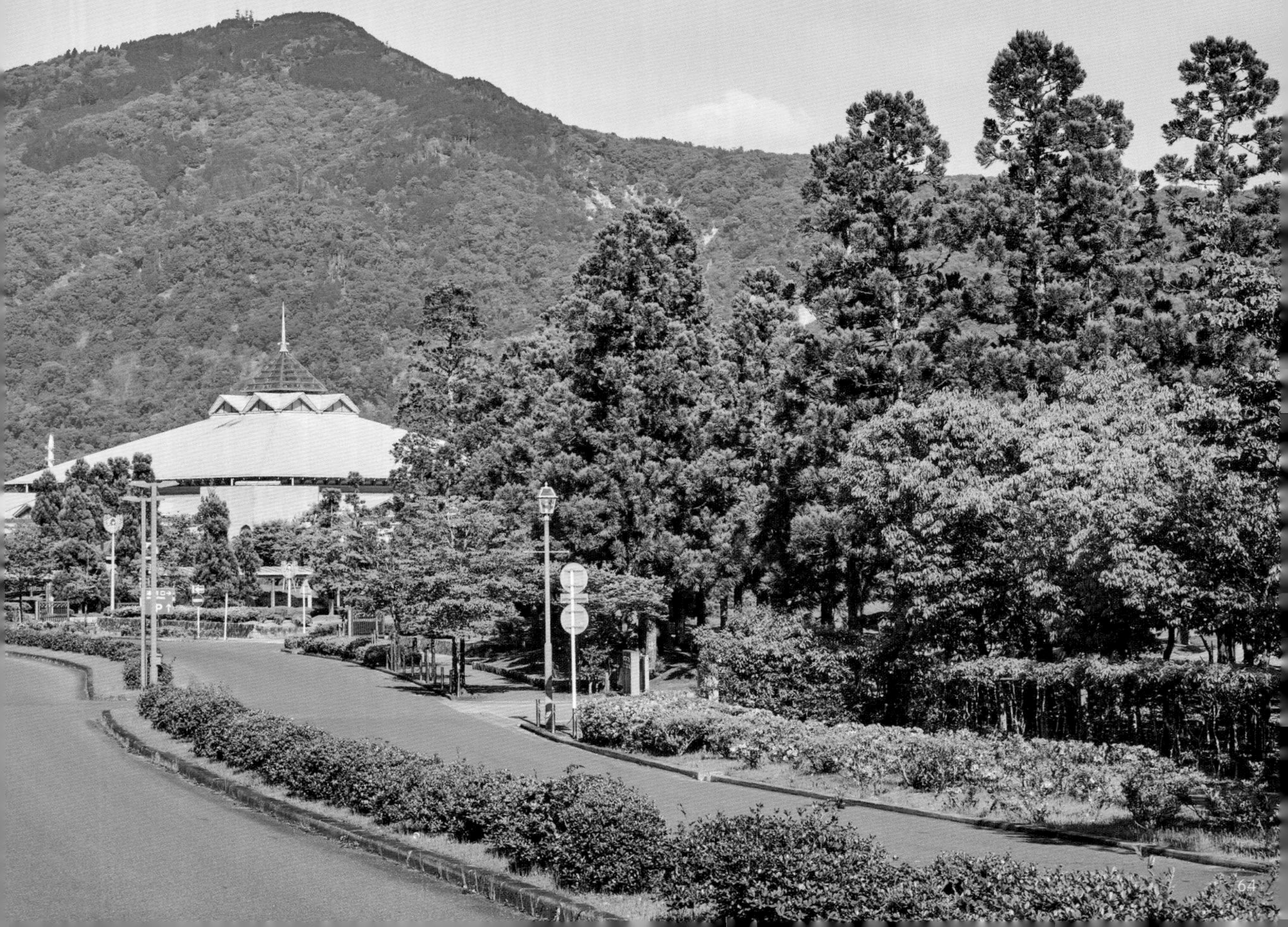

Part
5-1

胸高鳴るアプローチ
前面道路から本館玄関へ

京都市中心部から車で会館に向かうなら、北山通りから急勾配の狐坂を登り、宝ヶ池トンネルへ。トンネルを出て右に曲がれば、すぐに比叡山のどっしりとした山容が真正面に現れる。しばらくして、左手に杉並木と万国旗を掲げるための130本余りにも及ぶポールの列が目に入ってくると、会館まであとわずか。右手、比叡山の裾にイベントホールとニューホールが姿を見せる。まさしく国際会館にやって来たと実感させられる瞬間である。

それは、比叡山がこんなにも近くて大きかったのだという驚きと、万国旗のポールという普段お目にかかれない国際的な景色の相乗効果によるのであろう。

心地よい興奮を覚えながら、道路を右折した先は、道幅をたっぷりと取った縦長の大きなロータリー。その中央の島には京都ならではの北山杉の「台杉」が客人を迎えるように植わっている。

北山杉の台杉

そして、その向こうには、今まで出会ったことのない斬新な台形と逆台形の建築物。

これら次々と繰り出される自然と人工の造形美に気を奪われている間にも、はや車は正面玄関に到着。そのアプローチの見事な演出に、すでに心は会館の中に溶け込んでいる。

地下鉄利用者が最初に出会う風景。岩倉川の堤に植えられた桜やヤナギの並木越しに、優美な本館が姿を現す。

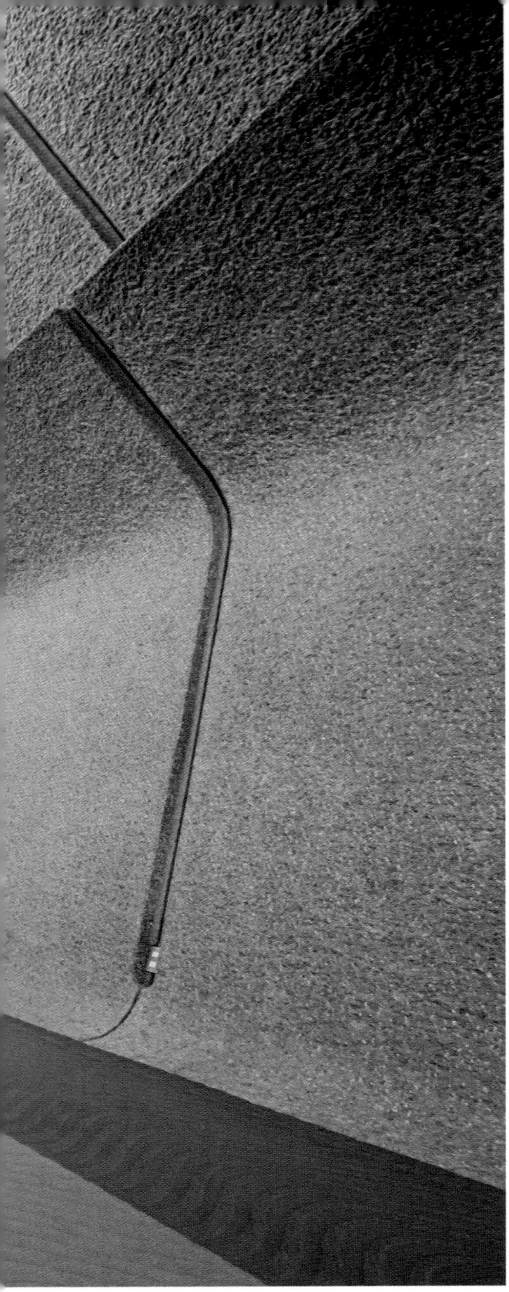

Part
5-2

「く」の字の壁が正面玄関からメインロビーへと続く通称「松之廊下」

正面玄関に入ってまず目を奪われるのが、メインロビーへの通路。その両側はコンクリートの壁で、しかも「く」の字に湾曲している。天井は二段構えの変形の三角形。ダウンライトを施した１段目の天井を超えて、片方の壁だけが斜めにせり上がり、他方の壁から太陽の光を間接的に取り入れている。床に置かれたのびやかなデザインのフロアスタンドの照明と相まって、優しい光が通路を包んでいる。
通路の長さは約43m。その細長い空間を歩くと、大きく開かれたロビーへと導かれる。足元には波の模様が入った緑のカーペット。通路の両端の階上には台形の小さなラウンジがあり、通路を行き交う人々を見渡せることができる。

その重要な役割や長い距離のためだろうか？会館のスタッフは、この通路を「松之廊下」と呼んでいる。江戸城の松之廊下では、単に人が行き交うだけでなく儀式も行われたというが、この通路も受付に使われることが多く、時に参加者同士の談笑の場にもなっている。

Vioce

ちょっと一言

正面玄関移転

1966(昭和41)年の開館当初、グリル前のエレベーター辺りがちょうど正面玄関から入った所であった。1973(昭和48)年の増築で正面玄関を現在地に移転、新玄関と旧玄関をつなぐために新たに作ったのがこの通路である。

特筆すべきは、くの字のコンクリートの壁。本館の基本構造である台形・逆台形の二つの建物に挟まれて、コンクリートの壁の下部は逆台形、上部は台形に作られている。それは通路に置かれたカウンターも同じ。くの字の壁面に合わしたオリジナル品で、同じようにカーブを描いている。

カウンターデザインは剣持《けんもち》 勇《いさむ》、照明デザインは石井幹子。ともに日本を代表するデザイナー。詳しくはP.36(剣持勇)P.85(石井幹子)参照。

つつき(タタキ)仕上げが施された壁の表面のアップ(撮影はロビーの壁)。

壁の材質は、通常のコンクリートではなく「キャスト・ストーン」という人造石。セメントに石の細粒を混和して天然の石らしく美しく見せるのだが、本館の建設では黒縞霞《かすみ》という大理石を細かく砕いて使用、さらに少量の墨を混ぜて色調を整えている。しかもその表面は、「つつき仕上げ」「タタキ仕上げ」と呼ばれるように、職人が専用の工具で叩いたり、はつったりして、わざと凸凹に仕上げている。

この廊下だけでもかなりの面積であるが、ロビーや会議場、また外の柱や梁にも使われているので、その施工面積は膨大な量にのぼる。

その緻密な手作業には感嘆するほかないが、おかげで、コンクリートにありがちな冷たい圧迫感は消し去られ、眺めても、直接触ってもソフトで温かい感触が伝わってくる。

Part
5-3

5階から見渡す京都・洛北の絶景

❶360度とっておきの眺望 ～Room562～

元々国際会議の事務長室として用意されたRoom562。内装からテーブルなどの家具、調度品に至るまで、簡素な中にも上品で優雅である。ゆるやかに丸みを帯びたチェアーと漆のテーブル。隅には、洒落た背丈ほどのフロアライト。そして、デスクと細長いキャビネットが飾り気のない気品を漂わせている。

大事なゲストの応接には最適の空間であるが、その魅力をさらに高めているのは、目の前に大きく広がる眺望である。
５階の突き当たりにあって、二面が全面ガラス張り。Room562のバルコニーに立てば、手前に日本庭園、その向こうに宝ヶ池とそれに連なる穏やかな山々の風景が、一つの障害物もなく眼下に一望できる。そして、廊下を隔てた向かいのRoom563からは普段見慣れた比叡山とはひと味違う、懐の深い雄大な姿を真正面から望められる。

家具デザイン（テーブル、椅子、フロアライト、デスク）剣持 勇。

Room563からの風景

それだけでも十分贅沢な景色なのだが、Room562と563の二つの部屋は屋上デッキに面していて、ガラス戸を開ければ自由に出入りができる。デッキは優に50人が集える広さで、遠く西山から北山の連山、比叡山、東山、松ヶ崎の山並み、さらに宝ヶ池へと、ほぼ360度のパノラマを楽しむことができる。

Room560

Room562の隣には一回り広いRoom560。明るく開放的な空間にローズウッドの舟形のテーブルが備わり、10人ほどの会食や喫茶にはうってつけである。
ある冬の午後、大切なゲストとランチを囲んだが、ガラス越しに広がる日本庭園や宝ヶ池の眺望に会話も大いに弾んだ。食事を終えればバルコニーからデッキを散策。洛北を象徴する景色を独り占めできるとあって、皆一様に興奮を隠せない様子であった。

❷絶景トイレ　幅8m逆斜めのガラス窓

人呼んで「絶景トイレ」。会館の職員、それも男性職員の間でそう密かに名付けられている男子トイレが会館の５階、Room506の隣にある。

入口は何の変哲もないトイレだが、洗面台の前を過ぎると、正面に横幅約8mにも達するであろう大きなガラス窓が現れる。その幅広のガラス窓を通して、まるで展望台の上から眺めているかのように庭園や宝ヶ池の景色が見渡せるのである。

ただ通常の展望台と違うのは、

❶ガラスが垂直ではなく逆斜めに取り付けてあること。その上、足元にもガラス窓があるので、景色が真下に広がって迫力十分である。

❷もう一つの違いは場所。デッキでもタワーでもなく、ここはトイレの中。背中に絶景を感じるのである。

トイレは日本全国無数にあるが、これほど眺望の開けたトイレに出会ったことはない。おかげで、トイレに入った初期の目的を忘れてしまうこともしばしばである。

Part 5-4

ここが違う 様々な会議場

1 馬《ば》蹄《てい》形《けい》に座席配置できる中会議場RoomA

最大772人が収容できるRoomA。格式あるメインホールを一回り小さくしたような会議場であるが、その仕上がりはメインホールよりもダイレクトで力強い。
その理由は柱と梁の圧倒的な存在感と重量感。さらには、天井や議場を囲む壁に多く使われている直線の美。これらの相乗効果であろう。このRoomAが会館のなかで最もシャープで威厳のある会議場に感じられる。

そのRoomAの見どころの一つは、馬蹄形の座席配置。国連の安全保障理事会の様子を時折テレビや新聞などで見ると、確かに各国の代表が馬蹄形—U字形に座って討議をしている。これぞ「ザ・国際会議」というスタイルだが、その座席配置が日本国内で常時可能なのが、このRoomAである。
微妙にカーブが付いた濃いブラウンの重厚な議席机。現在では入手が難しいローズウッド（紫檀）で作られたこれらの机を順につなぎ合わせれば、馬蹄形となる。国際捕鯨委員会総会や国連軍縮京都会議など、現在まで幾多の国際会議がこのスタイルで開かれた。

馬蹄形の会議―第1回日本万国博覧会
参加国政府代表会議（1968）

検証 RoomA　一つ一つに意匠を凝らした内装

RoomAには和モダンな専用控室が備わっている。庭に似せて敷き詰めた玉砂利やスマートなデザインの障子。それらに加えて、四角形のソファーや長方形のテーブル、キャビネットなど、直線が生かされたレイアウトと青みがかったグレーの配色が目を引く。

〈A〉銀色の和紙を揉んで、しわを付けてから貼り付けた「揉み貼り」の巨大な逆台形パネル。縦に大きく屏風状に折り曲げられて、ステージ正面を飾る。

〈B〉背後の壁は、濃淡と直線を巧みに活かしたモノトーンのエキスパンドメタル*のパネルと「揉み貼り」の組み合せ（下記「ちょっと一言」参照）

＊千鳥状に切れ目を入れながら引き伸ばした網目状の金属板

〈C〉西陣織を布団のようにふんわりと張った「フトン張」の扉。薄紅色の生地にススキの柄が映える。

〈D〉太い柱や梁はわざと露出し、空間に安定感を与えている。ちなみにB-1、B-2などの小会議場では、柱や梁を見せずに壁で覆っている。

〈E〉両サイドを照らす2種類のアートなライト

〈F〉天井にランダムに配置されたスポットライトは、メインホールと同じく瞬く星に見える。しかし、細長い棒状の金属パネルを縦横、不規則に組み合せた装飾は直線的で宇宙ステーションのようである。

〈G〉側壁の下部には、京都・西陣の織物壁紙

〈H〉六角形の窓が独創的な同時通訳ブース

〈I〉石膏ボードの板を少しずつずらして張り付けた側壁は、武士のよろいを想起させる。

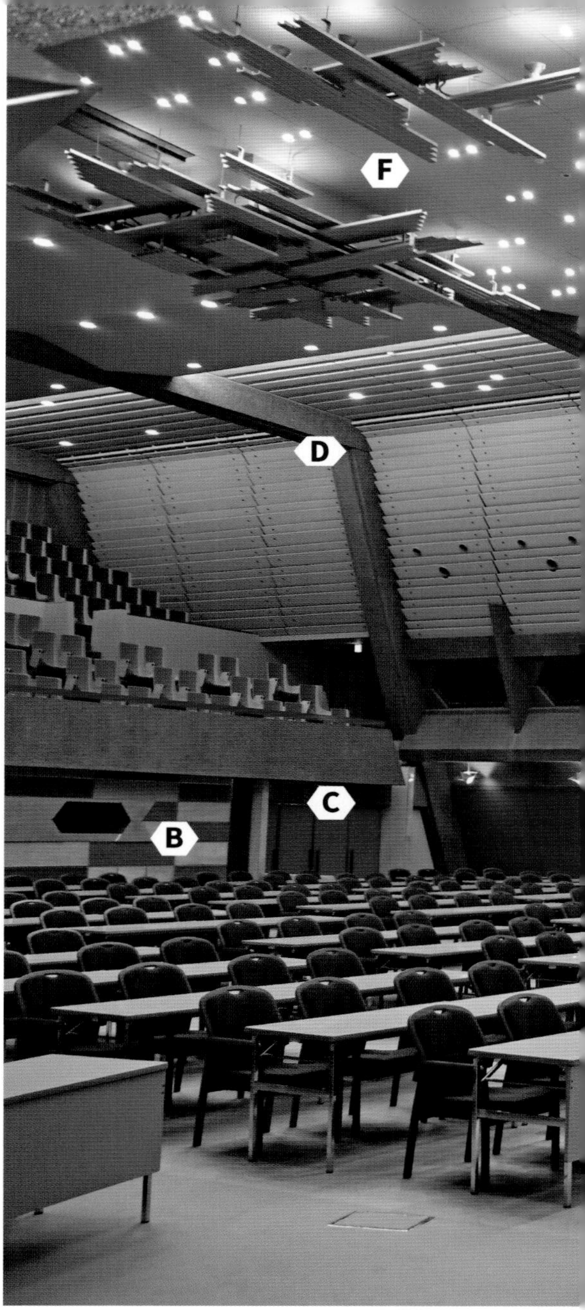

Vioce

ちょっと一言

モノトーンの金属パネル

背後のエキスパンドメタルのパネルは、一見すると黒と白の組み合わせに見えるが、実は単色。網目状のアルミ板の取り付け方向を変えることで、見る角度によって黒と白の色も反転して見える。
右上の全体写真と比べれば…反転しているのが分かるだろうか？

❷「青の間」「赤の間」 対照的なRoom B-1とB-2

日本庭園と宝ヶ池を一望できるロビーを挟んで向かい合うB-1とB-2。B-1はB-2より一回り広いが、いずれもソフトな小会議場で、構造も内装もよく似ている。
わずかに折りが入った両サイドの壁には銀色の織物壁紙。天井には横じまの入った間接照明が設置され、部屋全体を穏やかな光で包んでいる。また同時通訳ブースの六角形の窓枠や前方のパネル、傍聴席の天井や壁などには、ふんだんに木材を使用。心地よいぬくもりを与えている。

しかし、カーペットの色だけは対照的である。B-1の明るいブルーに対してB-2は温かみのあるオレンジ色。西陣織のススキ模様の扉の色もそれに合わせてあり、B-1は緑がかった青に対してB-2は薄紅色である。そのためB-1は「青の間」、B-2は「赤の間」と呼ばれる。

長円形と円形スタイル

座席のレイアウトは様々に変えられるが、開館当初の基本配置はB-1が長円形スタイル(OBLONG STYLE)で、B-2は円形スタイル(ROUND STYLE)である。いずれのレイアウトも国際会議では当たり前だが、日本では先駆的に会館が導入。現在でも、会館ではRoomAの馬蹄形スタイルとともに専用の机を常時備えている。

メインホールと同じ花の模様を一面にあしらった織物壁紙。その鈍く光る様子は銀の折り紙のようである。

PICK UP!

COP3裏話

1997(平成９)年に開かれたCOP3(地球温暖化防止京都会議)。その際、当初B-2で予定されていた一つの会議が間際になってB-1に変更された。なぜなら、B-2は赤の間と言われるようにオレンジ色のカーペットと薄紅色の扉、加えて当時は椅子もカーペットに合わせて濃いオレンジ色であった。それが議論を白熱化させると危惧され、落ち着いたブルー色で統一された青の間、B-1に変えられたのである。
採択まで難航を重ねたCOP3の一端を垣間見るような話である。

第3回世界水フォーラム(2003)

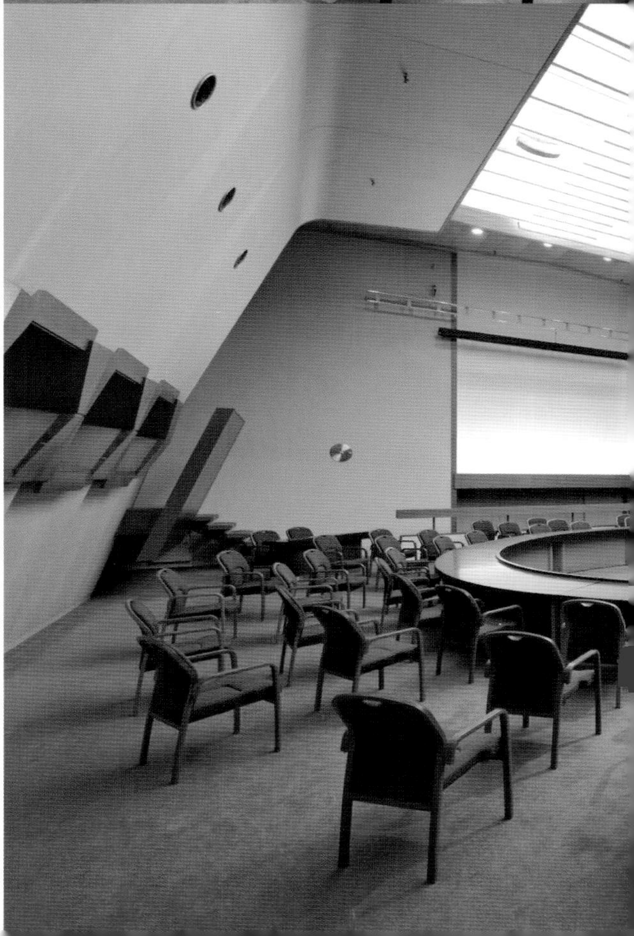

❸斜めの“障子”と“ふすま”が付けられた RoomC-1、C-2

落ち着きのある「和の設《しつら》え」が施された小会議場RoomC-1とC-2。正面に据えた屛風状の板の壁や同時通訳ブースの六角形の窓枠などに木材を活用。庭に面した窓にはガラスに加えて、障子とふすまを二重に取り付けている。しかも、その障子とふすまは、他では滅多に見ることができない斜めに傾いた引戸。台形の会議場に窓を設けたためであるが、それをゆるゆると開けると、日本庭園と宝ヶ池の景色が視界いっぱいに入ってくる。

庭園側の壁は台形状。通路側の壁はわずかに「く」の字に湾曲し、6か所の同時通訳ブースを設けている。

天井のシャンデリア。和の設えともよく似合う。

会議場の前に広がる専用ロビー。開放的な台形空間には、斜めの柱に沿ってシンプルなソファーセットが並べられている。

4 ドレープを思わせる優雅なRoomD

ドレープカーテンを思わせる、ゆったりとした流れるような“ひだ”の壁。その壁が緩やかな弧を描き、高さ9mの天井からは、そのカーブに合わせた円形の照明が室内を優しく照らす。当初、共同記者会見室として増築されたRoomDは、白を基調としたゆとりの空間。台形をベースとしながらも曲線をふんだんに生かし、エレガントで華やかである。

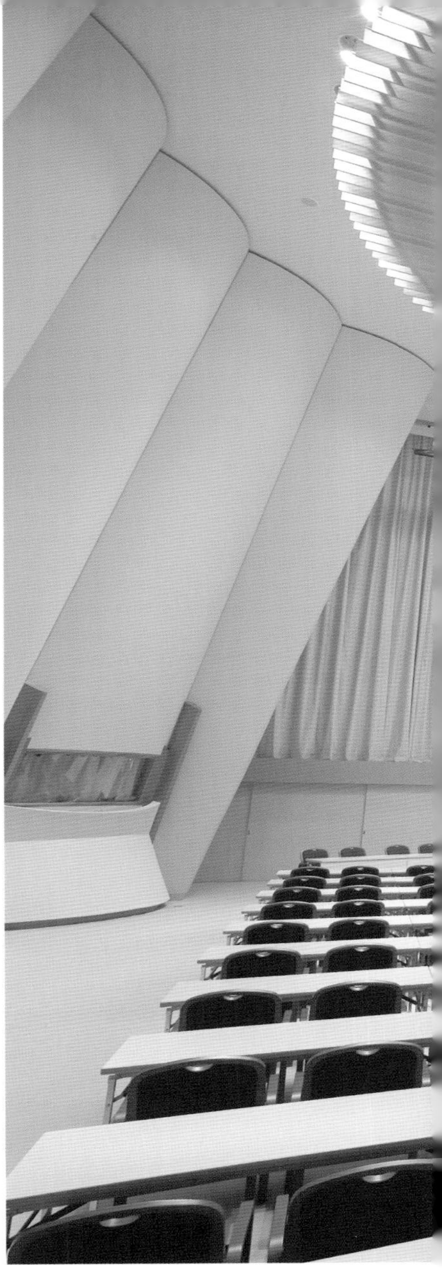

正面にはステージを設けず、カーテンと白い和紙を貼った引戸で構成。アルミのピースを約300も連ねた長方形のレリーフがその中央に掛けられている。横壁には同時通訳ブース。天井高がRoomAとほぼ同じなのに、随分と低い位置に設置されている。その窓は“ひだ”に合わせて湾曲し、窓と窓の間仕切りの板とともにドレープの壁の裾を優雅に飾る。

会館では数少ない円形の照明は、東京タワーやレインボーブリッジなどで有名な照明デザインの第一人者、石井幹子の作品。約120のダウンライトが三重の円に沿って配置され、その照明全体を縦と横に組み合わせた格子で覆っている。光源を目立たないようにするとともに光を分散して和らげたのであろう。座る位置によって微妙な陰影と光の濃淡を生み出している。

❺シンプルな台形空間の アネックスホール

本館の西側に隣接するアネックスホールは、会館が有する4つの大ホールの一つ。本館が開館してから32年後、1998(平成10)年に増築された。その基本構造は本館と同じく台形と逆台形。ホール本体は台形の建物で、ロビーの周りに巡らしたベランダから柱を逆斜めに突き出し、逆台形を組み合わせている。

1,200人が着席可能なホールは、天井高10m。石膏ボードの板をよろい状に並べた側壁の下部に12室の同時通訳ブースを備えた、シンプルな台形空間である。可動の間仕切りによって2分割の使用もできる。

ホールの周りにはゆったりとしたロビー。大きな三角形のガラスから差し込む陽の光を背景に、幾何学的なオブジェが天井を飾る。

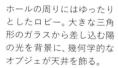

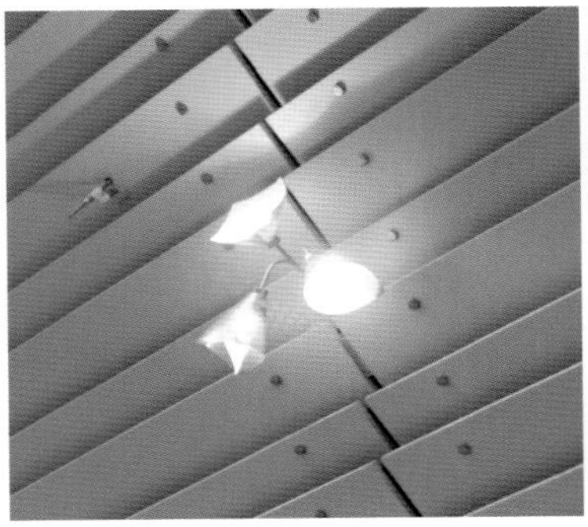

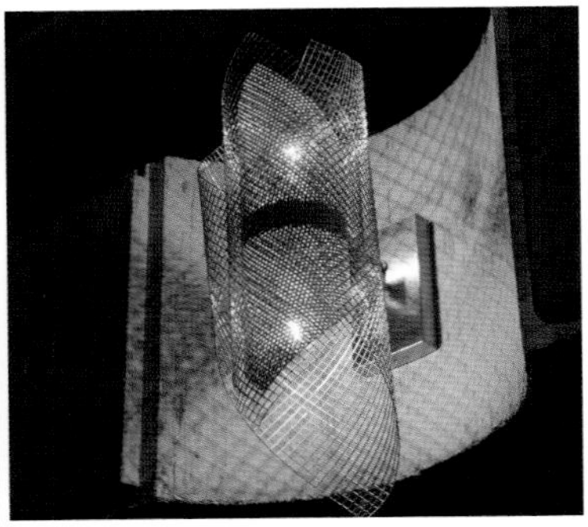

電球を薄い網で包んで水引を掛けたようなホール出入口のライト。このホールや本館を設計した大谷幸夫氏が自らデザインした。同様の素材で作られた可憐で端正な照明が、ロビーのパーティションやホールの壁にも掛けられている。

Part
5-5

日本庭園を望む
宴会場スワン

日本庭園に面して建てられた宴会場スワン。南西の一面が全面ガラス戸になっており、庭園越しに宝ヶ池を巡る山々の景色が広がる。目の前の「幸が池」では、名前の由来となった白鳥が泳ぐ姿も眺められる。

床は他の会議場や宴会場で使われているカーペット敷ではなく、迎賓館赤坂離宮など明治期以降の洋館に度々使われた寄木《よせぎ》張《ば》り。洋服生地の定番柄であるヘリンボーンの模様とサクラの木の艶やかな飴色が人々をレトロで優雅な空間へと導く。
天井には葉っぱ状にくりぬいたダウンライトとシャンデリア。折鶴を思わせる菱形のライトが柱に掛けられて、微かな光を放っている。

ロビーや通路との境に設置されたヒノキ科「米檜《べいひ》」のパーティションは、京町家の格子《こうし》が主題。波打つ幾何学模様は、見る角度や向きを変えることによってその表情も変わる。（パーティション制作　AAA 江口週）

Vioce

ちょっと一言

色が変わる？スワンの床

ダンスパーティーに何度も使われたことがあるスワン。この床を斜め上から眺めれば、濃淡の帯があるように見えるが、逆から見るとその濃淡の帯も入れ替わる。見る方向を変えることによって色目が変わる“仕掛け”は、前述のパーティションやRoomAの背後のパネル(P.79)にもあって、遊び心が満載である。

Part
5-6

内外の要人を迎える貴賓室

内外の要人の控室である貴賓室はメインホールのすぐそば、日本庭園の「幸が池」の上に浮かぶように建てられている。部屋の中は、シルバーのカーペットに大理石のテーブルとクリーム色の牛革張りの椅子。天井は寺院や書院造りなど格式の高い部屋に使われている格天井《ごうてんじょう》で、太い木を井《い》桁《げた》状に組み、上に板を張っている。奥と手前に置かれた二つの書(P.109参照)が、白をベースとした和モダンな空間に落ち着きと気品を加えている。

剣持勇デザインによる椅子とテーブル。椅子は、当初の茶色から現在のクリーム色に変わっている。

L字型に作られた部屋には衝立《ついたて》を立て、秘書らの待機の場と要人がリラックスする場所を区分。ドアを開けて中に入っても、要人の姿が直接には見えないような工夫が施されている。

Part 5-7

屋根の谷間にできた逆台形の通路

台形と逆台形の建築が織りなす不思議な空間がところどころに。ここは本館の2階、会議場RoomAと会議場B-1、B-2の間。台形状に斜めに傾いた2つの会議場の壁に挟まれて、通路が逆台形となっている。しかも通路の両端では、コンクリートのパネルを「よろい」のように重ねた会議場の屋根を、そのまま建物の中に引き込んで通路の壁として利用。この通路が屋根と屋根の谷間に作られていることをまざまざと実感させられる。

その通路には木製の大きなパネルと小ぶりのかわいいベンチ。そして突き当りには、まっ赤な椅子のおしゃれなラウンジも。格好の休息場所を思いがけないところに見つけて、会議で高まった緊張もゆるんでいくようである。

Part
5-8

自然へのいざない
カーペットの壁

枯山水の庭をモチーフとして、波の模様が描かれた黄緑色のカーペット。そのカーペットが床から立ち上がり、緩やかなカーブを付けて人の背ほどもある壁を形作っている。RoomC-1、C-2のロビーに建つこの珍しいカーペットの壁。機能上は同時通訳ブースの通路とロビーを隔てるためである。けれども、苔のような優しいグリーンの感触に水の揺らめき、そして樹木を思わせる木枠と手すりが、日本の自然にいざなってくれているようで、思わず体をカーペットに預けたくなる。

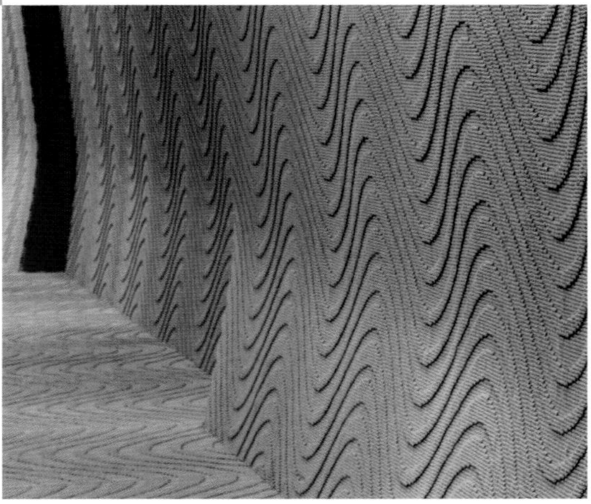

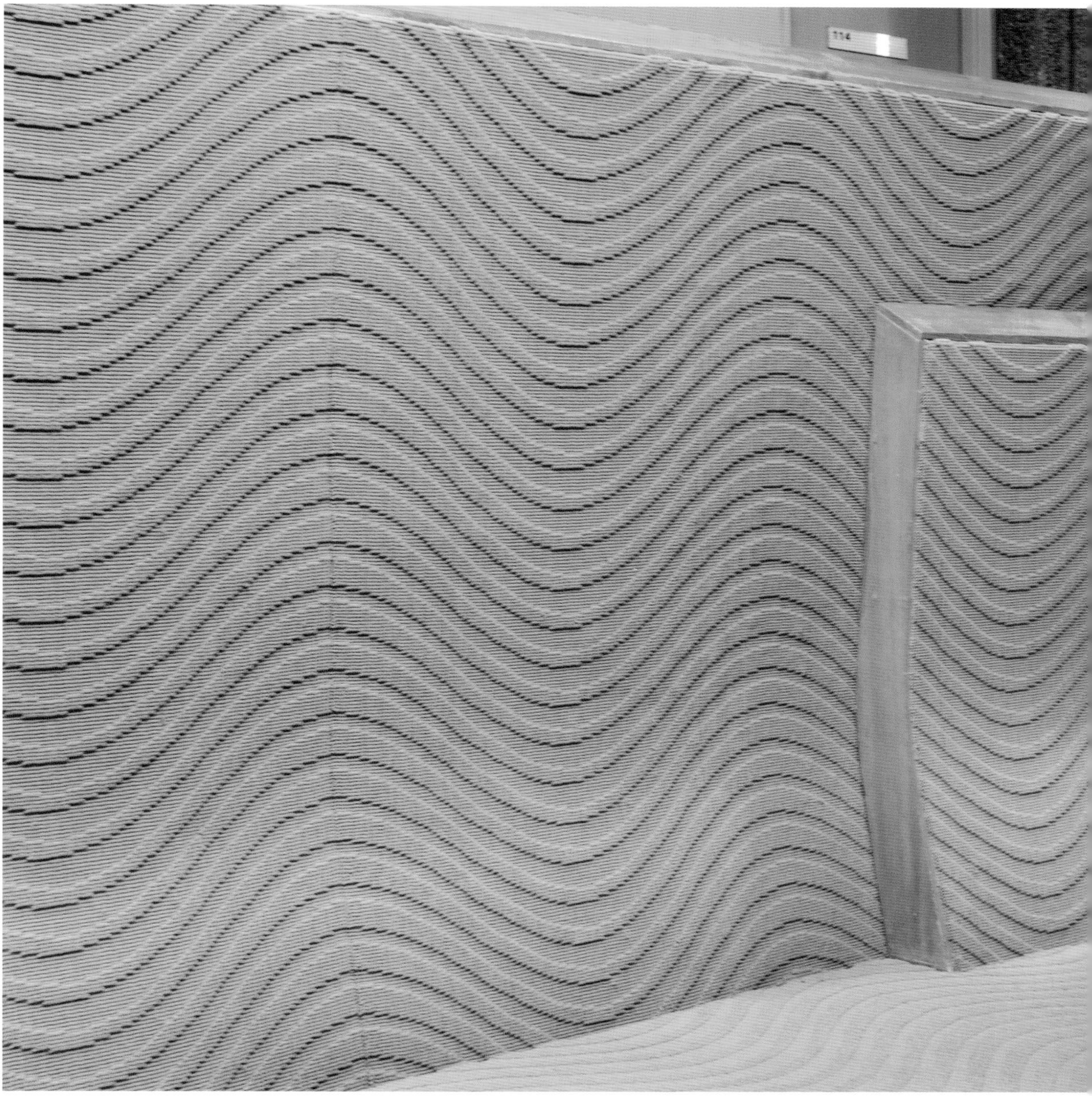

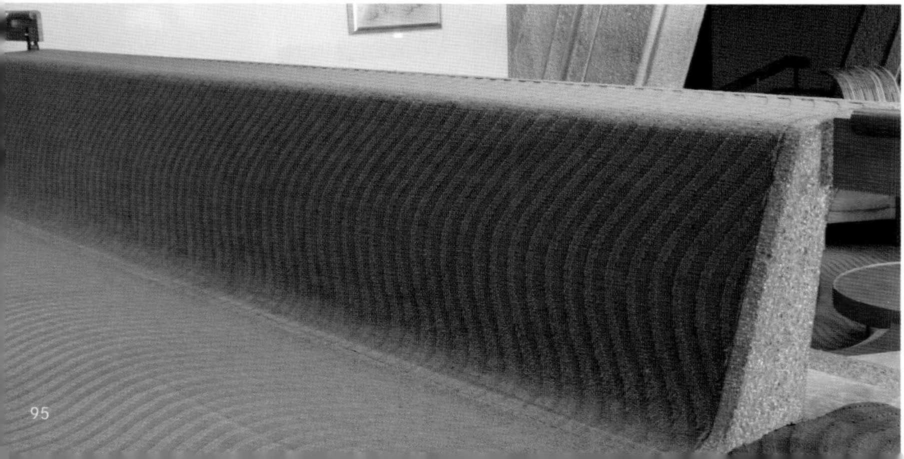

カーペットの壁は、メインロビーの２ヵ所とメインホールの両サイド席にも。メインロビーの腰壁は座るのにピッタリの高さで、まるで岩の上にびっしりと生えた苔に腰掛けているような気分になる。

Part 5-9

個性的な照明とステンドグラス

会館を訪れた多くの人の目を奪うのが、照明の種類の多様さとアートな照明の数々。各会議場の照明についてはそれぞれの項目で触れているので、それら以外のロビーや通路、ベランダなどに設置された個性的な照明の幾つかを紹介しよう。

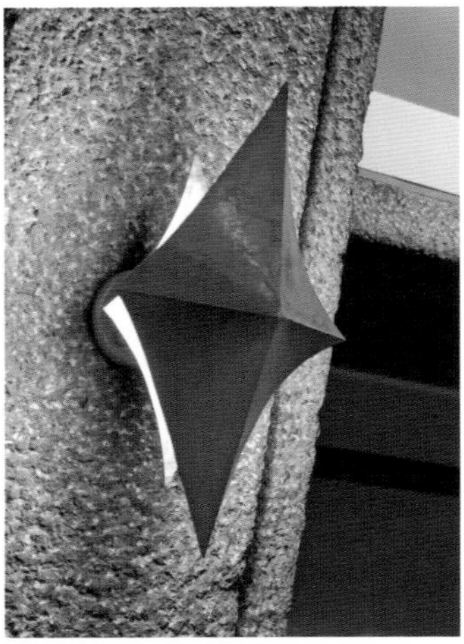

折鶴、花びら、星？

メインロビーの壁に掛けられた菱形の照明。アルミの鋳物製で、折鶴を模したと言われるが、花びらとも、はたまた星のようでもある。ほのかな光が無機質なコンクリートの壁をやさしく照らし出している。

その折鶴のようなデザインは、組み合せを変えることによって様々なシーンに応じた灯りを作り出す。

群れをなす鳥だろうか？ RoomA前のエレベーター横壁のレリーフ照明

メインロビーのV字柱の真ん中で、V字形に組み合わされたライト

1階ビジネスセンターの梁に付けられたペアライト

RoomF,G,Hのバルコニーに吊るされたシーリングライト

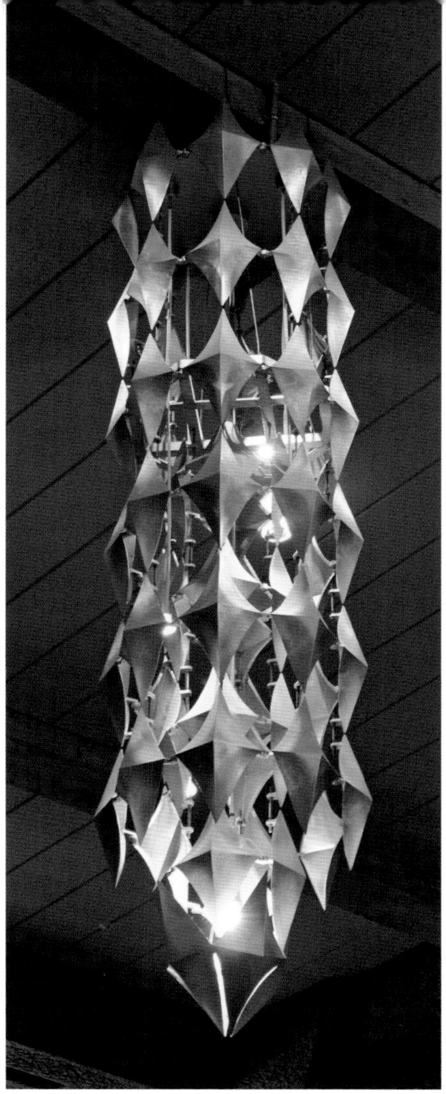

〚シャンデリア〛

この折鶴のようなデザインをパーツにして上下に長く組み合わせたのが、メインロビーのシャンデリア。千羽鶴のようにも満開の藤の花のようにも見えて、ゴージャスな雰囲気。

メインロビーのシャンデリアを小ぶりにした照明は、会議場の各ロビーや4階のラウンジなどでも見ることができる。
これは、夜のとばりに包まれた宴会場スワン。天井や柱のほの暗い灯りに照らし出されて、幻想的な雰囲気を醸し出している。

ステンドグラス

ステンドグラスは３面あり、すべてメインロビーから見渡せる。豊かな色彩と構図が人々を華やかに迎える。

1階と2階のエレベーターの壁に設置されたステンドグラス2面。

メインホール前の壁面を飾るステンドグラス。左右に流れるようなデザインがホールへと人々をいざなう。

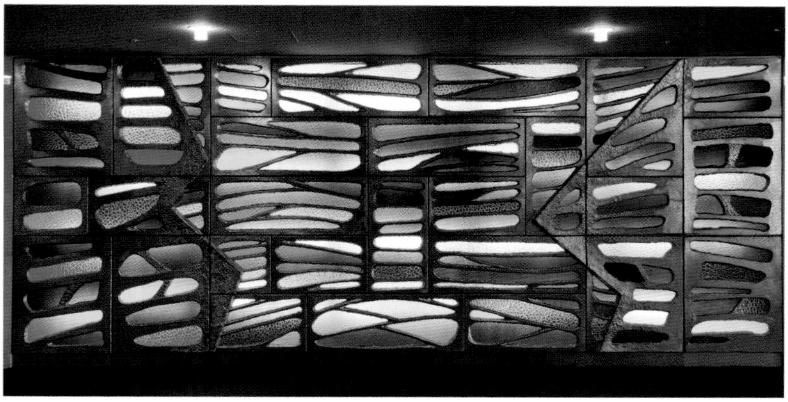

（以上３点　制作　AAA／照明　小田嚢／レリーフ　栗山亮二、小倉正史）

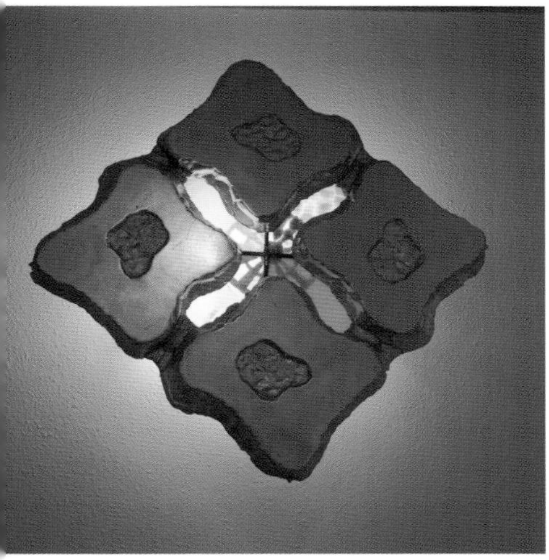

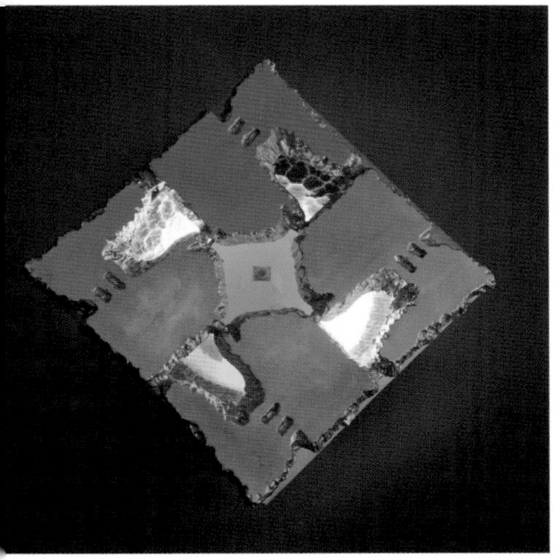

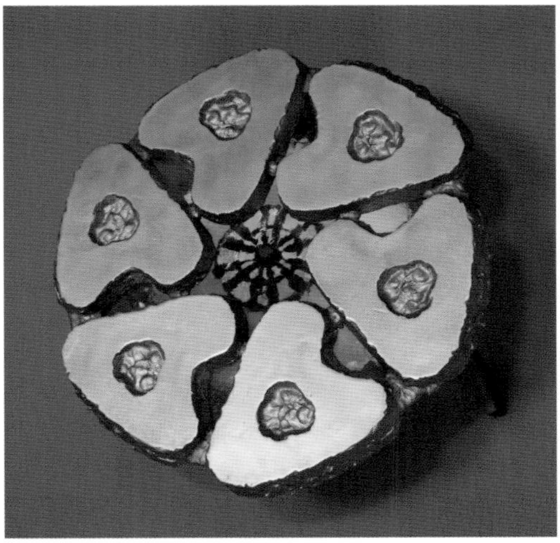

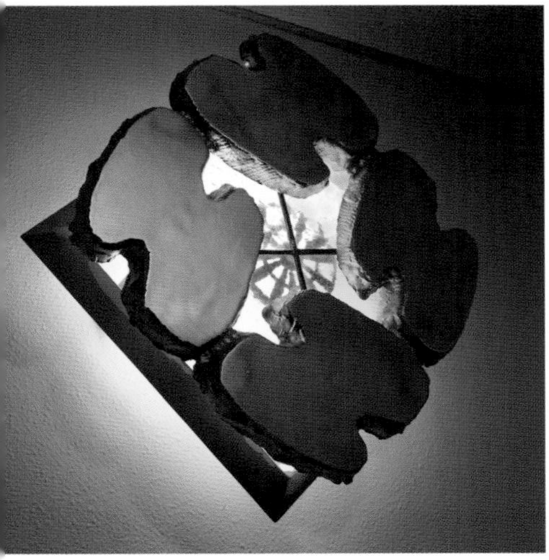

ステンドグラス入りの壁掛け照明

照明というより限りなくアート。デザインを微妙に変えて、貴賓室へと向かう通路やRoomAの控室前など、本館の所々(合計8か所)で優雅な光を放っている。

メインロビーの中央に置かれた灯籠。アルミの鋳物をずらして積み重ねた形がユーモラス。その中には6個の電球が隠されていて、わずかな隙間から洩れる光が柔らかい。（制作　AAA 五十嵐芳三、土谷武）

正面玄関のシャンデリア。
しだれ桜のようにも雨垂れ
のようにも見える。

正面玄関ロータリーの出
入口を照らす屋外ライト。
会館のロゴマーク(馬蹄形
の会議スタイルと地球)を
モチーフに作られている。

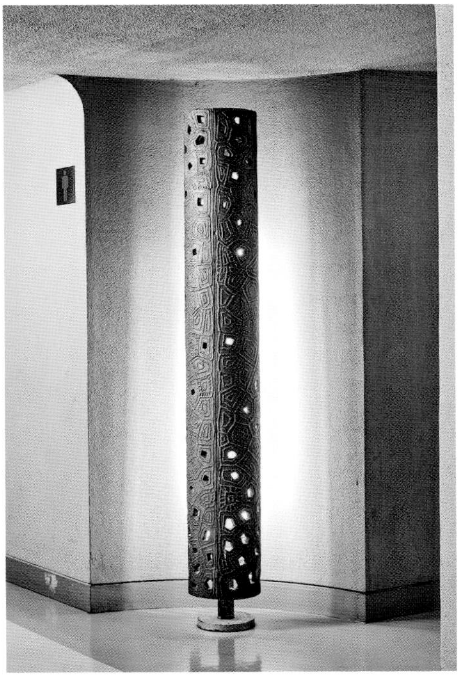

RoomEのそばのトイレ前とエレ
ベーター前にあるフロアスタン
ド。自然光の届かない床をソフ
トな光が照らし出す。(デザイン
大谷幸夫/制作　永坂幸三)

4階ラウンジの階段の壁をくりぬいて
設置されたライト。電球は中央の球形
の中に隠れていて、丸い光を放つ。

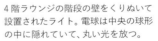

Part 5-10 六角形がお好き

台形と逆台形が印象深い本館にあって、もう一つ特徴的なのが六角形のデザイン。先に紹介したメインロビーの椅子や同時通訳ブースの窓の他にも、随所でアートな六角形に遭遇することができる。
なかでも目を引くのが、最上階の6階に設けられたRoom681以下の各部屋、オープン当初の代表団事務室である。斜めに傾いた逆台形の空間。天窓から漏れる柔らかな太陽の光。そして、大胆にカットされた六角形の窓。その窓から、庭側では宝ヶ池、山側では比叡山が眺められる。（写真はRoom678）

メインロビー階上の側壁を飾る六角形の窓。矢羽根《やばね》（矢に付ける鳥の羽根型の模様）と相性が良いのか、雨水を流すベランダの樋《ひ》の支えの模様（左写真）にも両方のデザインが使われている。

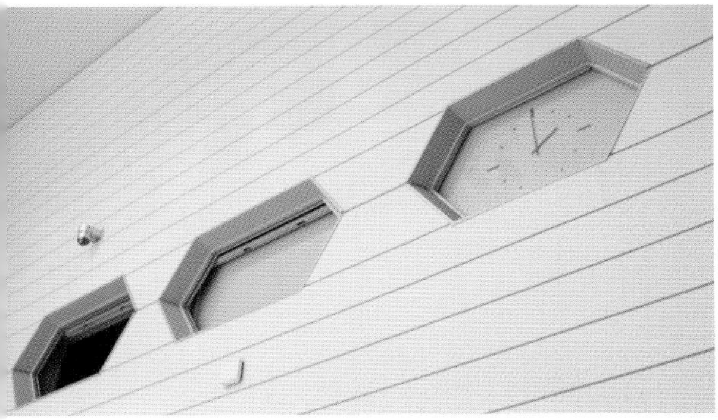

本館の時計はシルバー色の丸形で統一されているが、隣のブースの窓に合わせたのだろうか？ RoomDの壁に設置されたシンプルな六角形の時計。

ごく普通の蛍光灯だが、天井の開口部をわざわざ六角形に型取っている。そのため特注品として制作したという、細かな点までこだわりの照明。

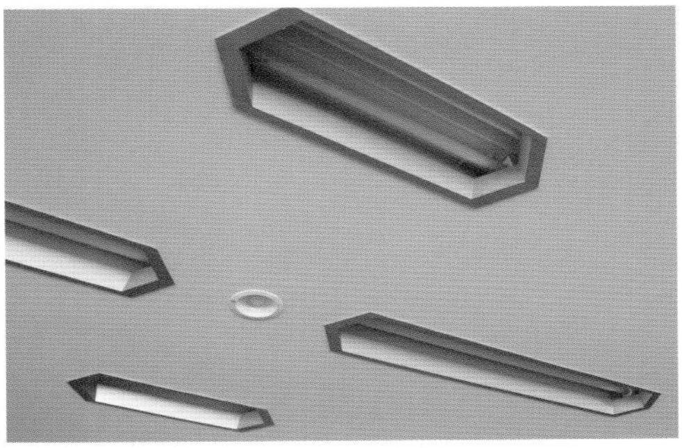

同時通訳ブースの窓。（P.15など参照）

メインロビー六角椅子。（P.38など参照）

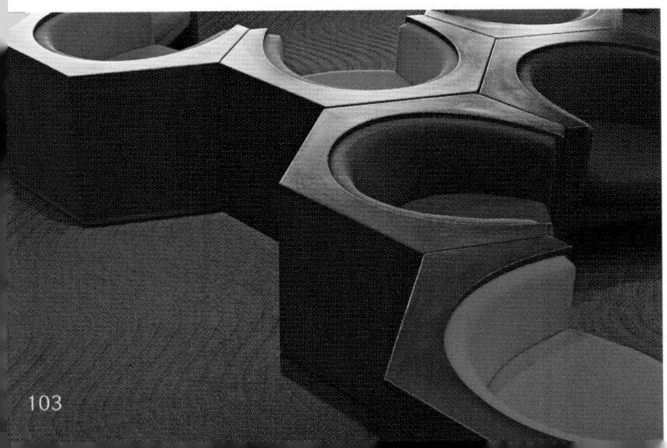

宴会場スワンの木製レリーフ

激しい波だろうか？それとも波間に揺れる木の船か？削り跡を残した壁一面の力強い木製レリーフが、ロビーからスワンへと人々を導く。（制作　AAA 江口週）

Part
5-11

随所にレリーフや壁画
― 建築と美術の協同 ―

会館が他の会議場やホールと大きく異なるのは、随所にレリーフや壁画、書などの美術作品が置かれていることと、照明や椅子などの設備や備品についても、アートと言っても過言でない“作品”が多く使われていることである。

これは、会館の設計競技において、全工事費の２％内外を美術家との協同の経費に充てることが明記されていたことにさかのぼる。この試みは当時としては画期的で、設計者・大谷幸夫氏は建築内部のデザインの大局を、インテリアデザイナー剣持勇に依頼。併せて、彫刻家である弟と相談。AAAという若い人達のグループが結成され、レリーフなどの創作に当たるのである。（AAA：Association des Artistes pour l’Architecture ＝建築のための芸術家集団）

会館の魅力は、額に入れられた作品ではなく、美術が建物と一体となったところ。各会議場の天井やステージに設置された装飾をはじめ、様々なレリーフ、オブジェ、石像など彫刻的な作品が多いのは、まさしく「建築をつくる基本的物質の表現形式の一つとして美術を考えているから（大谷幸夫）」である。

石造りレリーフ
（メインロビー、グリル入口横）

社寺建築の柱の上にある「肘《ひじ》木《き》」などの構造材をモチーフにしたと言われているが、枝を伸ばした植物のようにも人の姿のようにも見える。
（制作　AAA 富樫一、土谷武）

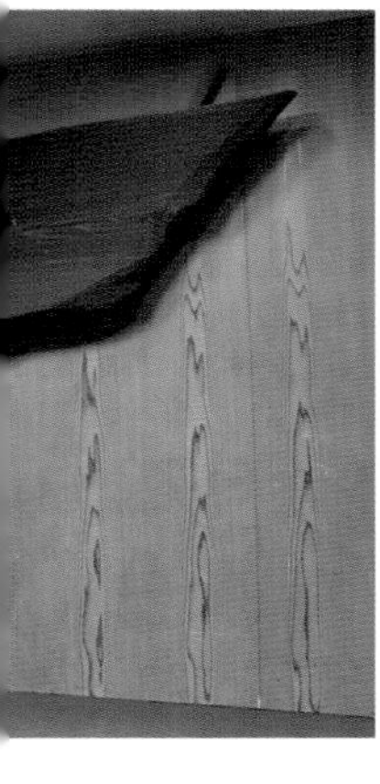

篠田桃紅《とうこう》作のレリーフと壁画

書の枠を超え、新たな水墨表現を追及し続けた篠田桃紅。
一部が墨や銀泥で彩色された壁一面の木製のレリーフ「展開」は、ダイナミックでパワフルである（RoomAロビー、写真右）。
RoomB-2入口前を飾るのは壁画「出《で》遇《あい》」。大胆な構図で人々を迎える。（写真左）。桃紅の作品は他に「水源」（Room158）があり、合計３点を所有している。

壁面レリーフ（メインロビー、RoomD入口手前）

開館当初、この場所は玄関ロビーにあたり来館者を迎えていたが、1973（昭和48）年の増築で玄関の位置を変更。それ以降はRoomDへの“道しるべ”となっている。
（制作　AAA 土谷武、五十嵐芳三）

「出遇」

「展開」

壁画「大きな湖」「ナショナル・ルート」

本館を訪れた人が必ずと言ってよいほど目にするのが、メインロビーへの通路突き当りにある「大きな湖」と「ナショナル・ルート」。戦後いち早く国際的な評価を受けた現代美術家、菅井汲《くみ》の作品で、青と赤の明快な色とパターンの組み替えで構成されている。
（菅井汲　サンパウロ・ビエンナーレ外国作家最優秀賞など受章多数。作品は東京国立近代美術館他、各地の美術館に収蔵）

目隠し装飾
（メインロビーへの通路突き当り横）

花や星などの文様を施した円状の鋳物を縦につなげて、天井から吊り下げた装飾品。カーテンのように引っ張り出すと、背後の通路のおしゃれな目隠しになる。正面玄関の受付カウンターにも、小ぶりだが同様の目隠しが置かれている。
（制作　AAA 永坂幸三）

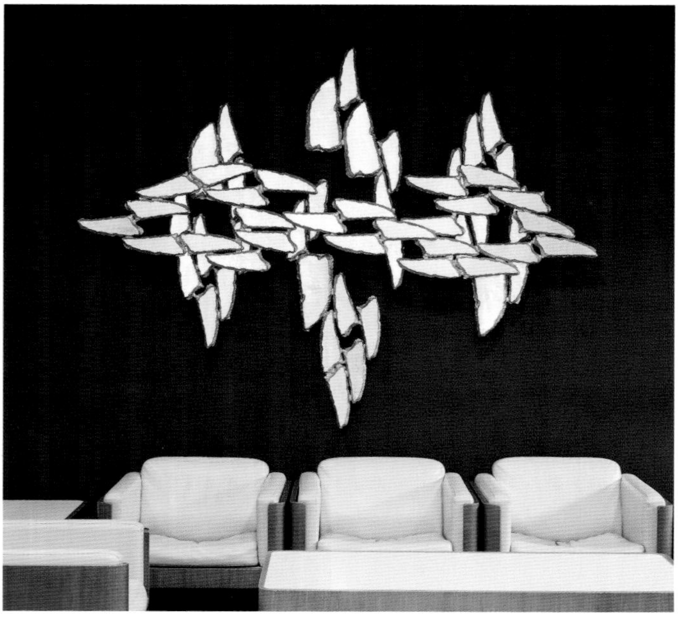

ロビーを飾るアルミ彫刻

夜空に月の光を浴びて飛ぶ鳥たちであろうか？それとも鱗を光らせて暗い海を泳ぐ魚の群れか？
場所は、本館からアネックスホールへとつながるロビー。ゆったりとした椅子とテーブルの後ろの壁で、銀色のアルミの彫刻が鈍い光を放っている。
（制作　AAA 永坂幸三）

「貴賓室の二つの書」

「龍知龍」

前衛書家、森田子《し》龍《りゅう》の作品。屏風状のヒノキの衝立《ついたて》に墨で書かれた字は、龍、知、龍の３文字。シンプルで躍動感に溢れている。

「和」

部屋の奥に掛けられた書「和」は、第22代妙心寺派管長、古川大航の筆。
「龍知龍」とともに、貴賓室を訪れた内外の要人の目を楽しませている。

絵画や陶芸等々・・

岡本太郎や上村松篁《しょうこう》、池田満寿夫など多くの所蔵品に加え、最近は今井政之や遠藤剛《ごう》熙《き》、杭迫《くいせこ》柏樹《はくじゅ》などの作品を預かり、ロビーや部屋に飾っている。

岡本太郎「秘教」

今井政之「象嵌彩窯変薄目張花瓶」

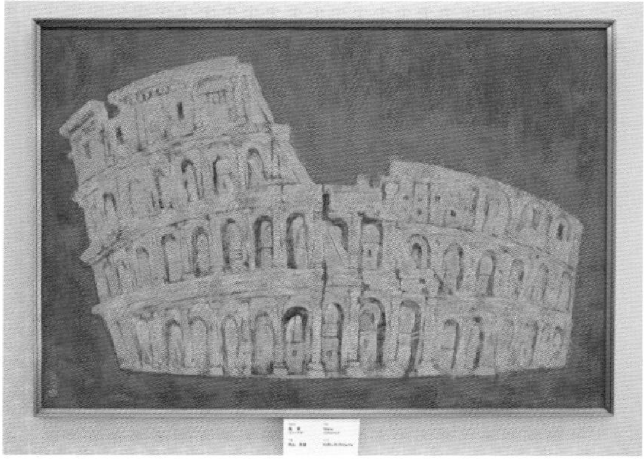

西山英雄「風景（コロッセオ）」

遠藤剛熙「大樹」

Part
5-12

日本庭園の５つの石像

庭園にある5つの石像。彼らは何を語ろうとしているのだろうか？そのユーモラスな表情から、あれこれと想像を巡らせるのもおもしろい。

宴会場スワンから庭園に出てすぐ、池の堀のそばに建つ。高さ約130㎝、4本足の石像は、なぜかマンホールの上に置かれている。天井の奥に付いているソケットは、かつて灯籠を試みた痕跡である。（制作　霜田大次郎）

「幸が池」の南端にある高さ170㎝程の石の彫刻。角を生やした鬼のようにも見えるが、桜林、展望台、八つ橋の3方向に進む分岐点に置かれているので、“道案内”の役割を担っているのかもしれない。（制作　霜田大次郎）

池から離れた梅林の奥で、どっしりと構える石像。3層に積まれた石は苔むして、時の経過を感じさせる。

池の中央、大小の石で作られた小さな島に設置された石像。石板を数枚重ねた上に、台形状の大きな石の板が置かれ、まるで海に浮かぶ帆船のようである。
地面の石の隙間から松の木が生えているのは、自然のいたずらでほほえましい。（制作　細川宗英）

本館側の池の端、NIWA caféのテラス席から石段を下りた所にある。腰掛けるにはちょうどいい石像だが、2つの長い突起は何のためにあるのだろう？その平らな背と4本足、2つの突起物を首と尾とすれば、馬の姿が思い浮かぶ。（制作　霜田大次郎）

Part
5-13

茶室「宝松庵《ほうしょうあん》」数寄屋大工、中村外二《そとじ》の美と粋

国際会館の南西に広がる日本庭園の一角、寝子ヶ山《ねねがやま》の麓に佇《たたず》むのは宝松庵。松林を抜け生垣に沿って外露地を進めば、軒《のき》を深く差し出し、敢えて勾配を変えた檜皮葺《ひわだぶき》の寄棟屋根の茶室が現れる。

これは故松下幸之助(当館初代理事長)の寄贈。松下の「松」と宝ヶ池の「宝」から宝松庵と名付けられた。大工は昭和の名工、中村外二。松下幸之助から数多くの仕事を任された外二の美と粋の結晶である。

国際会議場に付属する茶室ゆえに、十畳広間は外部からも鑑賞できるようにと開放的な設計。その広間と、靴のまま腰掛けられる12名程の立礼席《りゅうれいせき》が一体的に使用できる。立礼席の床柱は太く力感溢れる「档《あて》錆《さび》丸太」(ヒバの木に人工的にカビの一種を付けた材)。窓まわりは上部がアーチ状になった優美な幅広の連《れん》子障子《じしょうじ》。床はこれまでの敷瓦に代わって信楽焼の陶板、それも登り窯に用いる陶板棚が敷きつめられていて、視覚だけではなく五感でも日本文化の真髄を感じることができる。

竣　工	1967(昭和42)年11月
設計監修	仙アートスタヂオ
施　工	中村外二
庭　師	川崎幸次郎

茶室の傍らには、野点のための芝生の庭に加えて、杉苔で覆われた落ち着いた庭。つくばい、石灯籠《いしどうろう》を配した庭を飛び石伝いに巡れば、木々や草花の間に四季折々の風情が感じられる。

PICK UP!

職員による恒例の初釜

会館職員の正月の楽しみは初釜。準備からお茶をたてるまで職員が協力し、和気あいあいの中で一服のお茶をいただく。それでも、秘蔵の軸と敷地内の柳で作った“結び柳”を床の間に掛け、茶室のそばに植わっている椿を一輪飾るなど準備は本格的。ひと時、静寂の中にお茶がたてられる音を微かに聞けば、今年も無事新春を迎えられた幸せを感じる。

Part 5-14

隠れた桜の名所

一般にはあまり知られていないが、会館は隠れた桜の名所。地元の住民は御存知なので、毎年の一般公開を楽しみにされている方も多い。見どころは岩倉川沿いの堤と日本庭園の桜の林、そして名前の通り宴会場「さくら」の庭。3月末から4月はじめ、洛北の自然に囲まれて満開の桜が咲き誇る。

❶岩倉川沿いの桜並木

地下鉄国際会館駅から地下連絡通路を出て、まず目にするのが岩倉川。この岩倉川の両岸に桜が約250メートルにわたって植えられている。風にそよぐヤナギと桜の花の向こうに本館を望む風景が人気だが、川の左岸も絶好のカメラスポット。桜の並木越しにイベントホール、ニューホールに目を向ければ、比叡山を背に鮮やかな構図の景色が楽しめる。

その桜並木は2つの連絡橋を越えて、日本庭園へとつながる。満開時のおすすめの場所は、その2つ目の連絡橋から庭園の桜林へと続く堤沿いにある。会館の奥にあって、人知れずひっそりとした桜スポット。しかし、堤から岩倉川を覆うばかりに枝が伸び、対岸の公園の桜と競うかのように咲き誇っている光景には誰もが見とれてしまう。

比叡山を背にイベントホール

2 宴会場「さくら」を取り囲む庭園

メインホールの北側に位置する宴会場「さくら」。その「さくら」を取り囲む庭は、比叡山を借景に築山を巡らし池を配置した和風庭園。低木の植え込みを段々に刈り込んでいるので、実際よりも広く奥深く目に映る。

木々の新緑が映える5月、「さくら」の会場から眺める庭は、見る者をみずみずしい緑に包みこんでしまうが、春、満開の桜に彩られた景色はそれに勝るとも劣らない。隣り合う二面のガラス戸がすべて庭に面しているので、宴会場に佇《たたず》めば、「さくら」の名にふさわしく、あたかも淡いピンクの桜に囲まれているように感じられる。
とりわけ、比叡山の裾野を埋め尽くすようなヒラドツツジやウバメガシなどの植え込みと、シダレザクラのコントラストは見事である。

桜が満開の「さくら」の庭園

❸ 春霞を思わせる満開の桜の林

最大の見どころは日本庭園の東端、メインホールのバックに広がる桜林。ソメイヨシノやシダレザクラ、サトザクラなどに、新たにジンダイアケボノなどの若木を加え、約100本もの桜が枝を触れ合わんばかりに植わっている。園内では散策路が整備され、ゆったりとした中で花盛りの桜を間近にめでることができる。東の方角には比叡の山並み。満開の頃、桜林の入口から比叡山を望むと、桜の花が庭を覆って春霞のようである。

新緑の「さくら」の庭園

Part
5-15

珍しい竹
―金明孟宗竹《きんめいもうそうちく》と亀甲竹《きっこうちく》―

会館には珍しい竹の植え込みが2か所ある。
一つは、黄金色の地色に緑色の縦筋が入った「金明孟宗竹」。天然記念物で、福岡県や宮崎県、高知県など一部の地域でしか見られない。「日本の竹を守る会」の寄贈により本館に植えられたこの孟宗竹、正面玄関の彩りに一役買っている。

金明孟宗竹

亀甲竹

もう一つは根元付近の節間が交互に膨れて、亀の甲羅のように節が斜めの「亀甲竹」。孟宗竹の突然変異種で、主に鑑賞用として庭園などに植えられているほか、京都府の伝統工芸品「京銘竹」の素材としても知られている。
会館の日本庭園の一角に植えられたのは、1981(昭和56)年の9月。国際林業研究機関連合第17回世界大会が開催された際に、皇太子同妃両殿下(当時)らによって植樹された。「幸が池」のすぐそば、池を渡る風が亀甲竹の細い稈《かん》と葉を揺らす様は、いかにも涼しげである。

Part
5-16

鹿や猿も現れる野鳥の楽園

周囲約1.8㎞にも及ぶ宝ヶ池と隣接しているためであろうか、訪れる野鳥の数も種類も多いのが会館の特色。ヒナを連れたカモの群れやアオサギの姿はこれまで何度も目撃しているが、会館職員によれば、コサギ、カワセミ、ヒヨドリ、メジロ、セキレイ、シジュウカラ、ヤマガラ、ツグミ、コゲラなども飛んで来ると言う。
天気のいい朝、出勤を急ぐ道すがら、敷地内に植えられたそこかしこの木々の間から、小鳥たちの賑やかな鳴き声が聞こえてくる。「どこで鳴いているのだろう？」足音を忍ばせて静かに近づけば、そのかわいい姿が見えるかもしれない。

目にすることができるのは野鳥だけではない。周囲の山々と繋がっているので様々な野生動物にも出会うことができる。キツネやタヌキといった小動物の他に、よく姿を見せるのは鹿と猿。とりわけ、最近ひんぱんに現れるのが鹿で、梅を丸坊主にするなど、あまりの食害に音を上げてネットを日本庭園に巡らした。おかげで庭園内に入ることはなくなったが、ネットの外の寝子ヶ山(茶室の背後の山)や玄関まわりには毎日のように群れでやって来る。

宝ヶ池にてシジュウカラ

宝ヶ池にてカワセミ

提供:京都市都市緑化協会　撮影:中川敏之

Part
5-17

細部までこだわり、隅々までアート

建物の内外装は言うに及ばず、椅子やテーブル、さらには庭園の木々や通路に至るまで、一つひとつに独創的なデザインや工夫が施されているのが会館の特徴。その「こだわり」は“こんな所にも”と思うような細かい箇所にも及び、会館の隅々までアートな空間が広がっている。

手すり

木製がほとんどだが、コンクリート製もある。その小口(切断面)は、三日月や逆台形、台形と楕円のコラボなど多彩。雨どいと同じデザインの手すりも。

雨どい

ただ雨水を流すだけではない。逆台形状に作られた雨どいは立派な装飾でもある。

ドアの取っ手

ドアの取っ手も凝《こ》ったデザイン。
左:宴会場「さくら」 右:正面玄関

メインロビーの小階段
―こだわりは足元にも―

緩やかなカーブを描いてコンクリートの壁が立ち上がるロビーの階段。コンクリートから大理石、カーペットへとわずかな高低差を付けた変化のコントラストも鮮やか。

壁と階段の間に設けられた段差の違う狭い階段。足を載せるわけではないので、段の直線を際立たせるためだろうか？

こちらは２つの階段のつなぎ部分。コンクリートの壁が降りて次第に隣の階段へと姿を変えていく、その流れるような“つながり”が秀逸。

剪定前の「樹木の砦」。スカイラインが隠れている。

展望台の杉木立

日本庭園の南端にある杉木立は、宝ヶ池側から見て建物が山々を圧迫しないようにと、本館の設計者・大谷氏がわざわざ展望台に設けた「樹木の砦」。しかし景観へのこだわりはそれで終わらず、建物のスカイラインは見えるようにとの注文。そのため、枝が屋上を超えてくると、枝を払い、先を切りつめている。

雪が止んで作業も順調

REPORT 職人の技

松の葉透かし

松は会館の日本庭園になくてはならない樹木。「松の葉透かし」は、その松の新芽を充実するための冬支度である。
美しい樹形を保つだけでなく、日当たりを良くし、松の成長を促進するために欠かせない。作業は全て一葉ずつ手で行う繊細な手仕事。この日は雪が降り続くあいにくの天気であったが、松の木の一本一本、ていねいに作業が進められた。
庭園を管理する植《うえ》彌《や》加藤造園の加藤嘉基専務は言う。
「毎日の手入れが大切。一つ手を抜けば、それを取り戻すのに何倍もの手間がかかる。」
季節ごとに決められた作業がある上に、管理する面積も広大。日本庭園にとどまらず、正面玄関や岩倉川沿いの堤など、広大な緑の景観を維持するために、毎日欠かさず職人が現場に入っている。

Part
5-18

Event Hall

比叡山を背に
寄棟《よせむね》の大屋根
イベントホール

比叡の雄大な山並みに溶け込むように建つイベントホール。岩倉川を挟んで本館の対岸に1985（昭和60）年増築された。台形・逆台形が特徴の本館とは構造が大きく異なり、三角形をベースにした安定感のある建物。比叡山への視界を妨げないように、建物の高さを極力抑えながら四方に傾斜を付けた寄棟の大屋根を掛けている。

ホールの中は、天井高19m、面積3,000㎡の大空間。大屋根は四隅に建てられた柱によって支えられている。天井は全面にわたって、三角形の骨組みによる立体トラスで構成。その中央には円形状にライトを配した照明と、自然光を取り入れることができる光の道を設置している。普段は扉を閉めているが、その扉を開けると天井が大きく開き、三角形に突き出た天窓を通して太陽の光がホールへと降りてくる。

Part 5-19

New Hall

京都の伝統工芸を現代に生かしたニューホール

2018(平成30)年秋にオープンしたニューホールは面積2,000㎡の多目的ホール。大谷氏の設計に基づかない初めての建築物である。

周囲の自然景観、とりわけ比叡山の稜線を意識したのであろう。高さを隣接するイベントホールよりさらに抑え、ホールの上には透明感のある青いガラス箱のような屋根を載せている。
周りにはダイナミックな枯山水の庭など多様な和風の庭を配置。その庭と庭の間に作られたアプローチを進めば、京都の伝統工芸を現代に生かしたロビーへと導かれる。
その入口の壁を飾るのは京焼・清水焼の陶板レリーフ。ホールの扉には「源氏香文《げんじこうもん》」という伝統模様が彫り込まれ、庭に面したラウンジには「拭《ふ》き漆《うるし》」で仕上げたチェアセットなどが置かれている。

Vioce
ちょっと一言

ニューホールは現在の2,000㎡を倍の4,000㎡に拡張する予定。完成すると、会館で最も広いホールとなる。現在、2026(令和８)年の春の竣工を目指して準備が進められている。

付属する控えの間(特別室)は贅沢な和の空間。室内の装飾や家具などの調度品に京都の奥深い文化を感じることができる。

漆のテーブルや西陣織の椅子

西陣織のパネルの引戸

螺鈿《らでん》や京七宝《きょうしっぽう》が施された飾り棚

国立京都国際会館

Kyoto International Conference Center

Part 6

数字が示す会館の姿

～会館のアウトラインを見てみよう～

「4」

甲子園球場の４倍の広さ

会館の敷地面積は約156,000㎡、甲子園球場(グランドとスタンド)の約４倍の広さである。そのうち建物が建っている面積＝建築面積は約24,000㎡。残りの多くは、本館の南西に広がる日本庭園や大きな玄関まわり、庭園の背後の山などの“緑”の部分である。それだけでもかなりゆったりとしているが、その上、宝ヶ池やその周りの山々と隣り合ってほとんど一体化しているので、見た目には更に広く感じられる。

Room102

「70」

会議場や多目的ルームなど 部屋の数は70以上

会館には約2,000人収容のメインホールをはじめ、アネックスホール、イベントホール、ニューホールの4つの大きなホールがある他、中会議場１、小会議場６、宴会場2か所が備わっている。加えて、4席～200席まで、多目的に使用できる部屋が約60か所あり、合計すると70を超える部屋が用意されている。
これほど多様な部屋が数多く作られているのは、元々国連などの国際会議や政府間会議を想定していたからであるが、近年の主流である各種学術集会（学会）やフォーラムなどにおいても大いに役立っている。これら大規模な会議では、メインの会議や式典の他に、各種の委員会や分科会、展示、関連イベントなどが数多く開かれるからである。またこれに加えて、事務局のオフィスや要人の控室、セキュリティチェック、ごく最近ではインターネットなどの情報機器の操作スペース等も必要になっている。

小部屋が並ぶ6階廊下

Room509

Room501

「12,000,000」

オープン以来、来場者は1,200万人

1966（昭和41）年の開業以来2022（令和４）年まで、会議や展示、イベントなどの開催件数は約18,000件、総来場者は約1,200万人に及ぶ。京都市の人口が約144万人なので、京都市民の8倍を超える人が訪れた勘定になる。
4度の増築拡張を経て、現在では1万人を超える大型の会議も開催が可能。これまでに開かれた会議の最大参加者数は、世界182カ国から延べ24,060人が来場した「第3回世界水フォーラム」（2003（平成15）年）である。展示会では1987（昭和62）年の「'87国際テキスタイルデザインフェア」に10万人もの人が訪れた。

「68.2」

優れた景観を形づくる 傾き68.2度の柱

台形と逆台形が印象的な本館とアネックスホールの建物。その柱も垂直ではなく斜めに傾いていて、その角度は68.2度（床面と柱の比40:100）。しかも、傾斜した柱の内面が40:100に対して、外面は42:100と斜度が微妙に異なり、上部に行くに従い、わずかとはいえ柱が細くすぼまっている。
そのため建設工事に携わった関係者の苦労は大変だったと聞くが、その68.2度の傾斜は、会議場内の音響や一体感などの効果のみならず周囲の山々とも調和し、優れた景観を生み出している。

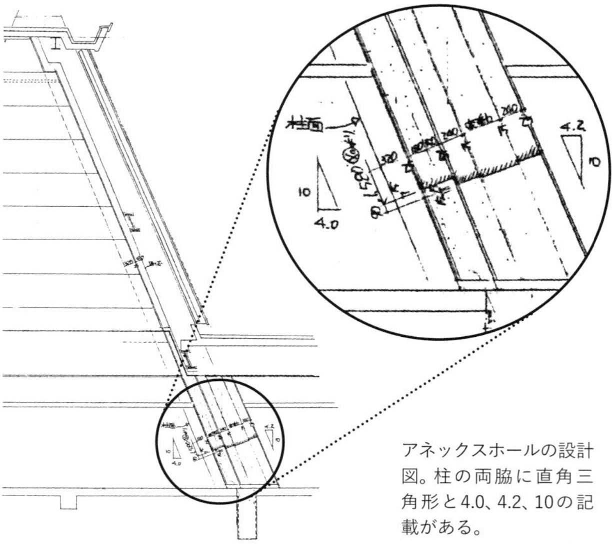

アネックスホールの設計図。柱の両脇に直角三角形と4.0、4.2、10の記載がある。

22

6階建てに22の異なった高さのフロア

メインロビーの1階フロアが、高さをわずかに変えて3フロアあることは既に記した（P.20）が、そのメインロビーも含めて1階のパブリックスペースのフロア数は６にも及ぶ。しかも1階から2階、3階へと上層階に上る間にも、途中で幾つものフロアが現れる。そのため、本館の建物は6階建なのに、フロアの数は通常の3.7倍、22にものぼる。
その主な理由は、本館を構成する幾つもの棟をロビーや通路などによってつなげる際に、数段から数十段の段差を付けているためである。しかし外に出て庭園を歩くと、建物と同じように池の周囲や「八つ橋」のあちこちにも、わずかな段差が設けられていることに気づく。建物と庭園、高さを少し変えた“床”が数多く設けてあるのは偶然であろうか？

1

唯一の国立の会議場わが国初の本格的国際会議場

こけら落とし　第5回日米貿易経済合同委員会

～会館建設の始まり～

1957（昭和32）年、政府代表としてガット総会に出席するために、河野一郎国務大臣（経済企画庁長官）はジュネーブのレマン湖畔に建つ「パレ・デ・ナシオン」を訪れる。パレ・デ・ナシオンはニューヨークの国連本部とともに世界二大会議場の一つ。その会議場を目の当たりして、帰国後さっそく国際会議場の設置を岸首相に進言したのが、この会館建設の始まりである。
大津や箱根との誘致競争を経て、1959（昭和34）年、建設地を京都市の宝ヶ池に閣議決定。1966（昭和41）年、日本で初めての本格的な国際会議場として、また唯一の国立の会議場としてオープンすることになる。

お花見やストリートピアノ、かき氷も！

INFORMATION Open Day

誰もが館内に入って見学することができるOpen Day。普段は会議や展示会などの参加者しか入れないが、月に3日程、メインロビーや庭園を広く一般市民に公開している。館内のNIWA caféやThe Grillも利用可能で、ランチの他にケーキなども味わえる。

ガイド付きの特別見学会は、そのうちの１日だけ開催。午前と午後各15人ほど、説明を聞きながら約1時間、会館の主な見どころを巡ることができる。

また「ストリートピアノ」や「夏のOpenWeekカレー＆かき氷フェア」などスペシャルイベントも随時開催。上の写真は2023（令和5）年３月に行われた春の庭園開放「さくら咲くOpenWeek」。満開の桜の下、大勢の人が庭園でのコンサートやお花見弁当などを楽しんだ。

※Open Dayは入場無料、予約不要。特別見学会も無料だが、事前申し込み制で定員を超える場合は抽選。いずれも開催日、時間はホームページで要確認。

参考文献・資料

（公財）国立京都国際会館発行の記念誌、冊子、パンフレット、HP

・大谷幸夫氏講演録
1996.11

・国立京都国際会館の建築
1999.4

・広報誌「ICC Kyoto」
2015.4 ～ 2019.1

など

（公財）国立京都国際会館以外の発行物

・建築と社会　第47集
1966.6　（社）日本建築協会

・物語・建設省営繕史の群像
1988.3　田中孝（日刊建設通信新社）

・国立京都国際会館メモリー京都
1992.12　田熊信弘（国立京都国際会館の集い事務局）

・建築と美術の協同―国立京都国際会館の試みー
1999.5　田熊信弘

・ジャパニーズモダン　剣持勇とその世界
2004.9　（財）松戸市文化振興財団

・都市的なるものへー大谷幸夫作品集
2006.6　大谷幸夫（建築資料研究社）

・建築家の原点　大谷幸夫　建築は誰のために
2009.5　大谷幸夫＋大谷幸夫研究会　（建築ジャーナル）

・別冊月刊ビル　特薦いいビル国立京都国際会館
2019.4　BMC（大福書林）

・昭和京都名所圖會３　洛北
1982.11　竹村俊則（駸々堂出版）

・松下真々庵茶室集録
1976.7　淡交社

・鵬雲斎千宗室好物聚成　第三巻　茶室篇
1995.5　淡交社

・グラフィック茶道　なごみ2013年9月号
2013.9　淡交社

編集後記

会館が開館してから57年。資料の散逸や昔を知る人たちが次々と退職されていくことが、私を出版に急がせた。そんな中、会館の職員に一通の手紙が届いた。館内の美術品などを手がけた若手のグループAAAの一人、五十嵐芳三さんからである。御年96歳、字を書くのが不便になられて家族の方の代筆であったが、自ら関わった美術品の制作趣旨やいきさつ、更には作品を眺める最良の位置まで詳しく綴られていた。おかげで不明な点が幾つも明らかになったが、何よりもうれしかったのは、建築と彫刻の一体化を目指して制作に励んだ日々を今も大切にされ、折に触れ、当時の様子を家族に語っておられることであった。

「本はいろんな人のご縁と力で出来上がる」

うだるような暑さが続いた今年の夏。その日々の編集作業で、改めてその言葉を胸に刻んだ。
会館の全面的な協力をはじめ、大谷研究室の山本敬則さんや石川勝典さんなど、多くの皆さんから貴重な資料の提供やご助言などを受けることができた。とりわけ、古い記録を奥の倉庫から引っ張り出したり写真を探し出したりと、職員の皆さんには一方ならぬご尽力を頂いた。また出版まで何とかたどり着けたのも、株式会社リーフ・パブリケーションズの中西真也会長、加藤純子さん、デザイナー・西堀裕美さんのおかげである。この場を借りて心から感謝申し上げる。

案内人　塚本 稔

知られざる
国立京都国際会館の魅力
―広がるアートな世界―

2023年10月31日 初版発行

著　　者　塚本 稔
発 行 人　髙野 和也
編集協力　加藤 純子
デザイン　西堀 裕美
協　　力　公益財団法人 国立京都国際会館
発 行 所　株式会社リーフ・パブリケーションズ
〒604-8172 京都市中京区烏丸通三条上ル メディナ烏丸御池4F
TEL：075-255-7263
https://www.leafkyoto.net/

印刷・製本　株式会社シナノグラフィックス

定価はカバーに表示してあります。
ISBN 978-4-908070-56-3